中国名门家风丛书

王志民 主编　　王钧林 刘爱敏 副主编

琅玡颜氏家风

常 昭 著

人民出版社

总　序

优良家风：一脉承传的育人之基

王志民

　　家风，是每个人生长的第一人文环境，优良家风是中华优秀传统文化的宝库，而文化世家的家风则是这座宝库中散落的璀璨明珠。

　　历史上，中国是一个传统的农业宗法制社会，建立在血缘、婚姻基础上的家族是社会构成的基本细胞，也是国家政权的基础和支柱。《孟子》有言："国之本在家，家之本在身"，所谓中华文明的发展、传承，家族文化是个重要的载体。要大力弘扬中华优秀传统文化，就不可不深入探讨、挖掘家族文化。而家风，是一个家族社会观、人生观、价值观的凝聚，是家族文化的灵魂。

　　以文化教育之兴而致世代显贵的文化世家，在中华文明发展史上，是一个闪耀文化魅力之光的特殊群体。观其历程，先后经历了汉代经学世家、魏晋南北朝门阀士族、隋唐至清科举世家三个不同发展阶段。汉代重经学，经学世家以"遗子黄金满籯，不如教子一经"的信念，将"累世经学"与"累世公卿"融二为一，成为秦汉大一统之后民族文化经典的重要传承途径之一。魏晋南北朝是我国历史上一个分裂、割据，民族文化大交流、大融合时期，门阀士族以"九品中正制"为制度保障，不仅极大影响着政治、经济的发展，也是当时的文化及其人才聚集的中心所在。陈寅恪先生说：汉代以后，"学术中心移于家族，而家族复限于地域，故魏、晋、南北朝之学术宗教皆与家族、地域两点不可分离"。隋唐以后，实行科举考试，破除了门阀士族对文化的垄断，为普通知识分子开启了晋身仕途之门。明清时期，科举更成为唯一仕进之途。一个科举世家经由文化之兴、科举之荣、仕宦之显的奋斗过程，将世宦、世科、世学结合在了一起，成为政权保护、支持下的民族文化及其精神传承的重要节点连线。中国历史上的文化世家不仅记载着中华文化发展的历史轨迹，也积淀着中华民族生生不息的精神追求，是我们今天应该珍视的传统文化宝库。

分析、探究历史上文化世家的崛起、发展、兴盛，尤其是其持续数代乃至数百代久盛不衰的文化之因，择其要，则首推良好家风与优秀家学的传承。

优良家风既是一个文化世家兴盛之因，也是其永续发展之基。越是成功的家族，越是注重优良家风的培育与传承，越是注重优良家风的传承，越能促进家族的永续繁荣发展，从而形成良性的循环往复。家风的传递，往往以儒家伦理纲常为主导，以家训、家规、家书为载体，以劝学、修身、孝亲为重点，以怀祖德、惠子孙为指向，成为一个家族内部的精神连线和传家珍宝，传达着先辈对后代的厚望和父祖对子孙的诫勉，也营造出一个家族人才辈出、科甲连第、簪缨相接的重要先天环境和文化土壤。

通观中国历代文化世家家风的特点，具体来看，也许各有特色，深入观其共性，无不首重两途：一是耕读立家。以农立家，以学兴家，以仕发家，以求家族的稳定与繁荣。劝学与励志，家风与家学，往往紧密结合在一起。文化世家首先是书香世家，良好的家风往往与成功的家学结合在一起。耕稼是养家之基，教育即兴家之本。"学而优则仕"，当耕、读、仕达到了有机统一，优良家风的社会价值即得到充分的显现。二是道德传家。道德为人伦之根，亦为修身之基。一个家族，名显当世，惠及子孙者，唯有道德。以德治家，家和万事兴；以德传家，代代受其益。而道德的核心理念就是落实好儒家的核心价值观：仁、义、礼、智、信。中国传统知识分子的人生价值追求及国家的社会道德建设与家族家风的培育是直接紧密结合在一起的。家风是修身之本、齐家之要、治国之基。文化世家的优良家风积淀着丰厚的道德共识和治家智慧，是我们当今应该深入挖掘、阐释、弘扬的优秀传统文化宝藏。

20世纪以来，中国社会发生了巨大的质性变化：文化世家存在的政治、经济、文化基础已经荡然无存，它们辉煌的业绩早已成为历史的记忆，其传承数代赖以昌隆盛邃的家风已随历史的发展飘忽而去。在中国由传统农业、农村社会加速向工业化、城市化转变的今天，我们还有没有必要去撞开记忆的大门，深入挖掘这一份珍贵的文化遗产呢？答案应该肯定的。习近平总书记曾经满含深情地指出："不忘历史，才能开辟未来；善于继承，才能善于创新。优秀传统文化是一个国家、一个民族传承和发展的根本，如果丢掉了，就割断了精神命脉。"优秀的传统家风文化，尤其是那些成功培育了一代代英才的文化世家的家风，积淀着一代代名人贤哲最深沉的精神追求和治家经验，是我们当今建设新型家庭、家风不可或缺的丰富文化营养。继承、创新、发展优良家风是我们当代人必须勇于开拓和承担的历史责任。

在中华各地域文化中，齐鲁文化有着特殊的地位与贡献。这里是中华文明最早的发源地之一，在被当代学者称为中华文明"轴心时代"的春秋战国时期,这里是中国文化的"重心"所在。傅斯年先生指出:"自春秋至王莽时,最上层的文化,只有一个重心,这一个重心,便是齐鲁。"(《夷夏东西说》)秦汉以后,中国的文化重心或入中原,或进关中,或迁江浙,或移燕赵,齐鲁的文化地位时有浮沉,但作为孔孟的故乡和儒家文化发源地,两千年来,齐鲁文化始终以"圣地"特有的文化影响力,为民族文化的传承、儒家思想的传播及中华民族精神家园的建设作出了其他地域难以替代的贡献。齐鲁文化的丰厚底蕴和历史传统,使齐鲁之地的文化世家在中国古代文化世家中更具有一种历史的典型性和代表性,深入挖掘和探索山东文化世家对研究中国历史上的文化世家即具有一种特殊的意义和重大价值。

自 2010 年年初,由我主持的重大科研攻关项目《山东文化世家研究书系》(以下简称《书系》)正式启动。该《书系》含书 28 种,共约 1000 万字,选取山东历史上的圣裔家族、经学世家、门阀士族、科举世家及特殊家族(苏禄王后裔、海源阁藏书楼家族等)五个不同类型家族展开了全方面探讨,并提出将家风、家学及其与文化名人培育的关系作为研究的重点,为新时期的家庭教育及家风建设提供历史的范例。该《书系》于 2013 年年底由中华书局出版后,在社会上、学术界都引起了较大反响。山东数家媒体对相关世家的家风

进行了追踪调查与深度报道，人们对那些历史上连续数代人才辈出、科甲连第的世家文化产生了浓厚的兴趣；对如何吸取历史上传统家风中丰富的文化滋养，培育新时期的好家风给予了更多的关注与反思。人民出版社的同志抓住机遇，就如何深入挖掘、大力弘扬文化世家中的优良家风，培育社会主义核心价值观，重构新时代家风问题，主动与我们共同研究《中国名门家风丛书》的编撰与出版事宜，在全体作者的共同努力下，经过一年多的努力，终于完成。

该《中国名门家风丛书》，从《书系》所研究的 28 个文化世家中选取了家风特色突出、名人效应显著、历史资料丰富、当代启迪深刻的家族共 11 家，着重从家风及家训等探讨入手，对家族兴盛之因、人才辈出之由、优良道德传承之路等进行深入挖掘，并注重立足当代，从历史现象的透析中去追寻那些对新时期家风建设有益的文化营养，相信这套丛书的出版会受到社会各界的关注与喜爱！

2015 年 9 月 28 日

于山东师范大学齐鲁文化研究院

目　录

前　言

名门望族是中华传统文化的一个重要组成部分，如同夜空中的璀璨星辰，深邃而美丽。在这些星辰中，有的转瞬即逝，有的数世而亡，有的却如长明星永恒闪耀。其中最耀眼最长久的那两颗明星就是孔氏家族和颜氏家族。历史最悠久并有着清晰家谱记录的家族，除了被称为"天下第一家"的孔氏家族，再就是颜子之后繁衍下来的颜氏家族了。颜氏家族在时间的延续性上完全可以比肩孔氏，在家训、家教的规模上，家族名人的影响上以及现代颜氏宗亲的凝聚力上，都已远远超过孔氏。孔、颜二族，瓜瓞绵绵，繁衍近百代，是源于其先祖之光耀，更是家风使然。家风是一个家族的文化风格特征，如春风化雨般熏染家族成员的精神风貌、道德品质、审美格调和整体气质，并一代代相传沿袭下来。人在家族中出生成长，直接接受家族长辈的日常行为训练，很多人甚至连基本的教育也在家族内部完成，可以说古代家族之家风是儿童成长的自然环境，是影响儿童处世策略、行为方式的最大因素。能够延续两千五百余年，并且名人辈出、影响巨大的家族，必定有着独到的生存法则、生活方式、文化氛围，并坚守着独特的为人处世的指导思想和精神品格。这就是家风的魅力。

颜氏家族的发展史有明证，线索清晰，其家风的形成和传播与其家规、家训有关，同时与其家族名人辈出有关。颜之推在《颜氏家训·序致》篇所讲的"同言而信，信其所亲；同命而行，行其所服"，即是这个意思。颜渊生前便以崇高的德行和好学的品质得到孔子及同时期人的赞赏，他的美德及作为为其家族留下宝贵的精神遗产，为家风的养成奠定了基石。颜子之后人无不注重德行与才学，在秦汉间一脉相承，由曹魏时的颜盛到东晋的颜含，逐渐树立起了以孝悌为主的家风传统，并由颜含立下族规，从婚姻和仕宦两大方面对家族发展的方向加以制约。南朝的颜延之、颜竣、颜见远、颜协诸辈子弟在历史上各有建树，家族文化得以积累，北齐时期颜之推写下了著名的《颜氏家训》，成为家族内部管理和训诫子弟的经典之作，颜氏家风由此奠定纲要，即以德立家，以才传家，千百年来一直发挥着作用。所以历史上颜家出学问家、出忠臣，对中国历史作出了不可磨灭的卓著贡献。隋唐的颜师古、颜真卿、颜杲卿等历史人物的功绩不仅对家族传承起到巨大作用，同时对社会发展也发挥过重要影响力，标志着家族文化由兴起阶段发展到了全面兴盛期。宋元以后由于颜子不断得到帝王的尊崇，被尊为"复圣"，颜子后人也相应地受到优待，家族地位不断上升，家族文化的绵延传播不绝如缕。自明代嘉靖年间颜子嫡长孙受封为世袭翰林院五经博士以后，颜氏后人与最高权力统治者长期保持着良好互动，颜氏家族成为封建社会最为显赫的贵族世家之一，并编成了世家家族志《陋巷志》。这本家族志，仿照《阙里志》的体例和规模而写成，成为后人敬祖睦宗的法宝。

孔门弟子众多，有三千之说，贤者七十二中就有八个颜姓弟子，世称"八颜"，其中的颜路、颜渊父子与孔子关系最为密切，尤其是颜渊自 13 岁跟从孔子学习儒家学说，从未改变初衷，其好学勤思的精神，居贫乐道的品质最得孔子喜爱，孔子有时亲切地称之为"颜回"或"颜氏之子"。颜氏后人自春秋时期便活跃于政治、文化中，留下了许多闻人达士的典故，历代文人缅怀不已。颜氏虽起自庶支，中经数次起伏，千百年来显示出家族独特的文化魅力。生命力旺盛的颜氏家族文化在继承颜子思想的基础上取得了一系列重要成就，在儒学、文学、史学、小学、书法、绘画、音乐、雕塑等多种领域均有建树，这一方面是先祖重视家族教育理论总结，形之于书面并传承后世的结果；另一方面也是由于本家族内不同历史时期出现了多位成就卓著的名人，以其行动与言论给予后人以直接影响的结果。颜氏家族中的重要历史人物言行与家族教育理论共同成为中国传统文化不可或缺的组成部分。世上享有极高礼遇的帝王公卿、高门贵族众多，却大多不过数代而歇，颜氏家族世守先代之训，历代多有名人伟才，比绵延千年的孔氏家族名人多，比其他数代簪缨的望族历时久，这与其家风和家学有着直接关系。

在历史的变迁长河中，颜氏后裔繁衍生息在曲阜这块热土上，汉魏以后曾因战乱避难多次迁徙，侨居琅琊、建康、江陵、邺城、长安等地，颜氏后裔的主要支脉于五代时期回归山东曲阜并定居。到北宋末年为了生存与发展，长支流寓江南，次支仍留居曲阜，从此形成南宗与北宗两大支派。大江南北颜氏后人不断流迁，现颜姓后人在全国各省市及港、澳、台地区有广泛分布，流寓海外的以东南亚为主，如新加坡、马来西亚、印度尼西亚等国家，据不完全统计，全世界颜姓约有 300 万人。近年来有许多颜氏人热衷寻根追祖，自发组织各级各类纪念活动，形成规模不等的宗亲联谊会，进一步体现了颜氏家族由来已久的睦宗敬祖传统，显示出颜氏家风固有的稳定性与强大的凝聚力。

在历史的长河中，颜氏家族乘坐着一叶孤舟，一路风雨飘摇，有时越险滩，有时遇坦途，苍茫云海间，那以德行、才学为家族文化底蕴的浓郁风气，鼓动着风帆，化作无形的动力，推进着小舟朝着尽善尽美、天下太平的方向进发！颠沛必于是，造次必于是！

一、家风基石：颜渊之风

颜回，字子渊，后世省称为颜渊，尊称为颜子。颜子是孔子所称受业通身的弟子之一，为德行科之首，多次得到孔子的称誉。颜渊的言行及人格修养体现了孔子思想中仁者应具有的风范，被后人视为学习的榜样。历代帝王与后世儒学研究者，在提到孔子时，从不会忘记颜子。颜子被视为七十二贤之首，三千弟子之冠，唐代以前的皇帝祭孔时独以颜渊配享。此后历代统治者不断追加谥号：唐太宗尊之为"先师"，唐玄宗尊之为"兖公"，宋真宗加封为"兖国公"，元文宗又尊为"兖国复圣公"，明嘉靖九年改称"复圣"，一直沿用至今。"复圣"即取"具体而微"、"圣人复活"之意，即颜子是至圣孔子的再现。

颜子，一生没有做过官，没有什么傲人的政绩，除了先秦古籍中记载的部分言论，连一部独立著述都没有，为什么得到后人的称誉，乃至历代帝王不断追封？那是因为颜子传给后人的主要不是文字教诲，而是由其言行熔铸的一种风神和气度，可称之为颜渊之风。朱熹《近思录》专列"圣贤气象"一节，分别对儒家的三位重要人物进行了描述，他说："仲尼：天地也；颜子：和风庆云也；孟子：泰山岩岩之气象也。"讲的是青年圣哲颜子的祥和自然之风貌，如春风化雨，令人愿意接受，愿意跟随。颜子给予这个世界的影响应该叫"不言之教"，因为他传递给后人的不是知识与学问本身，而是对待事物的态度。颜子对孔子之教诲不违如愚，对他人自然和气，使后人心感而自化，这是最高境界的教育。

颜渊之风表现在德行、学问、志向、修养等方方面面。颜子是当今颜氏的先祖，他的种种美德、才能、智慧，留给这个家族一笔精神财富。可以说，颜渊之风奠定了其家风养成的基石。

（一）德行第一

人生应追求什么？这是一个伦理思想问题，中国古代的哲人早就探讨过，并提出一种永恒意义的境界，即三不朽："太上有立德，其次有立功，其次有立言，虽久不废，此之谓不朽。""立德",即树立高尚的道德;"立功",即为国为民建立功业;"立言",即发表真知灼见的言论为后人追寻。三者如做到其一即可经久不废、百世流芳。这种人生追求早已内化为中国人价值判断的标准,激励着人们实现个体生命的最大价值。其中的"立德"又是最高同时也最难以达到的境界。颜渊在孔子三千弟子中被赞为德行科第一,是孔子教育后人的榜样,是"太上立德"的标杆。颜渊的思想、人格和言论,成为中华民族共同期待的君子楷模,至今仍为我们现代人所崇敬、学习和奉行。

1. 不迁不贰最好学

孔子所赞美的颜渊具备什么样的德行足以为后人榜样呢?首先一点就是他好学的优良品性。当鲁哀公询问孔子弟子中何人最好学时,孔子对曰:"有颜回者好学,不迁怒,不贰过。不幸短命死矣。今也则亡,未闻好学者也。"孔子不仅表示颜渊是最好学的人,还加以解释,认为他"不迁怒,不贰过",这是讲他遇到挫折或困难既勇于自省,又善于吸取教训,如此品性是好学者最为可贵的特质。相反,如果一个人仅仅具备某种德行而不好学,则不会成为完人。如孔子在教导子路时曾举过"六言六蔽"之说,指仅做到仁、知、信、直、勇、刚某一个方面，却不能同时做到好学，会造成六种弊端，即"愚""荡""贼""绞""乱""狂"等，因此修养个人德行一定要与好学结合起来。颜子的好学是与美好的品德结合起来的，所以孔子不止一次地赞叹。

人在生活中遇到挫折或困难，情绪低落，较少自省，常常不免迁怒于他人或叹息命运不公，这样徒增烦恼，于事无补。如果在遇到不顺时，第一步是自我反省，冷静处理，就不会把怒气迁移到他人身上，不仅不会破坏与别人的沟通，而且也提升了个人的修养，此为"不迁怒"。"不贰过"指的是犯过一次错误，下一次不再犯同样的过错。这看似很简单，实际上却不容易做到。一个人如果曾经犯过错误，以后就需要事事用心，时时提醒自己，在对所犯之"过"的反思中提升自己，以避免再犯同样的错误。这种做人原则放在今天仍具有很强的指导意义。

2.守仁行仁持以恒

让孔子赞叹不已的还有一点就是颜渊做事持之以恒，也就是俗话说的很有韧劲儿。儒家的最高理想是维护仁德，这谁都知道，但做到就不容易了。《孔子家语》记孔子赞许颜渊："不伤财，不害民，不繁词，则颜氏之子有矣。"指他学

三圣图

习重于行动，不是浮于表面。

孔子曾说："回也，其心三月不违仁，其余则日月至焉而已矣。"说别的人能有几天或一个月做到不违反仁德就很不错了，而颜渊可以在长时间内不违背仁德，"三月"是泛指很长的时间。颜渊无时无刻不让自己待人处事的节拍准确地落在"仁"的旋律上。"仁"是关爱他人，有时行仁需要牺牲个人利益。三月不违仁，绝非一般人所能做的，其背后其实是一个人自我砥砺的艰难进程，颜渊生活达到了儒学要求的最高境界，就是让"仁"成为自己日常言行的内在准则，内化为个人品德。

3. 为人犯而不校

颜渊的德行高于其他孔门弟子，表现在人际关系上显示出品行之高。颜渊性格温顺善良，不苟言谈，符合孔子"敏于事而慎于言"、"讷于言而敏于行"的要求。《韩诗外传》记载过一件事，即颜渊与子路等人议论与他人相处的利益冲突。子路说："人善我，我亦善之；人不善我，我不善之。"子贡说："人善我，我亦善之；人不善我，我则引之进退而已耳。"颜渊说："人善我，我亦善之；人不善我，我亦善之。"这三个人所说的话展示出对待他人不同的原则，反映的道德水平也不一样。孔子评价说，子路的处理方式是力量的对抗，为蛮貊之言；子贡的处理方式是理智分析，为朋友之言；颜子的处理方式为亲属之言，是境界的升华，是最能体现儒家精神的待人方式。曾子曾称赞颜渊为人犯而不校，也是这个意思。这是一种捐弃小隙、共持大义的精神，在人与人之间努力构建和谐关系，在今天仍值得倡导。

4. 志向希舜慕孔

现代有些人只知道颜渊居陋巷，就认为他甘于贫贱，只听说他为学习而发白齿落，就认为他迂腐呆板，这样的见识可谓短浅，他们不了解颜渊具备作为王者的雄才大略。

颜渊的志向非同一般。《论语·公冶长》中记载，一次颜渊与子路二人跟随孔子受教，孔子让二人说说自己的志向。子路的志向是："愿车马衣轻裘与朋友共，敝之而无憾。"他用一幅美好的生活场景来表达自己的政治理想。另一个场合里，孔子和子路、冉有、公西华、曾皙谈志向，曾皙以诗情画意来表述自己的志向："暮春者，春服既成，冠者五六人，童子六七人，浴乎沂，风乎舞雩，咏而归。"赢得了孔子的高度赞赏。这次子路与曾皙表述比较接近，志向不可谓不高远。而颜子的志向是："愿无伐善，无施劳。"有

复圣颜子像

复圣颜子像

人认为这是说不称扬自己的长处，不让他人辛劳，或者说不夸大自己的功劳，这还是看低了颜子。其实此两句话是颜子针对自我内在的修养工夫和外在的安人之政治而言的，表达了严于律己从而改善人际关系的治世策略。"无伐善"，关键在于修养自身；"无施劳"，关键在于安抚他人，修己安人，正是王者之气象。此理想与孔子所言"老者安之，朋友信之，少者怀之"有异曲同工之妙。颜子曾感叹："舜何人也，予何人也，有为者亦若是！"颜子非常仰慕远古时代的大舜，向大舜看齐，这绝不是矫情，而是发自内心的向往。这位跟随孔子周游列国的弟子，同他的老师一样，知其不可为而为之，如此坚毅、果敢的人，一定有大精神、大人格，是一个大写的人。

颜渊具备王佐之才，非常关注治国平天下之道，他曾向孔子问"为邦"。孔子教给他治理国家的基本原则和具体措施，从大处说，礼乐治国，主张使用夏代的历法，乘坐殷代的车子，头戴周代的礼帽，音乐就用《韶》乐和《武》乐，注意继承古代的优秀文化遗产，做到古为今用；从小处说，要舍弃郑国的音乐，疏远花言巧语的小人，因为郑国之音轻佻不够庄重，太过讲究娱乐性，而惯于阿谀奉迎的小人是危险的。颜渊请教为邦治国之事，是因为有治国之志向；孔子教以治国大道，是信任他、鼓励他，对他寄予厚望。孔颜二人所向往的是以礼乐为核心、尊卑有序的理想社会。他们具有丰富的人文情怀，他们把这个理想社会设想得具体生动，将人们带入了如此优美的艺术世界。

《韩诗外传》所载"景山言志"（也有的记作"农山言志"或"戎山言志"）进一步详细描绘了颜子的治世理想，主要内容是讲君臣同心，外内相应，对百姓施行教化，对邻国施行德交，"于是君绥于上，臣和于下，垂拱无为，动作中道，从容得体，言仁义者赏，言战斗者死。"他深刻地体会到天下的苦难，并且洞晓其苦难的源头，他在思考对策，通过教化实行德治，天下达到和谐，长久安宁。这是伟大的人格理想与伦理责任的结合，颜子的人格就是如此崇高。春秋时的大国楚国当权者就认为孔子是个不可轻视的力量，他的弟子中子贡具备使才，颜子有辅相之才，子路为将，宰予为尹，有此四才，孔子无敌。史料记载颜渊确实有多次从政实践，如在去卫国之前特地请教孔子，还有过"东之齐""西游"的经历。

难怪孟子评论道："禹、稷、颜子，易地则皆然。"孟子认为大禹、后稷和颜子三人，同是伟人，如果交换一下时空，所作出的贡献也必定会是一样的。

颜渊的德行之高还体现在尊师慕孔上。他13岁学于孔子，始终信奉师道，坚定不移地追随孔子学道，在孔子困于

11

陈蔡之时，一行人绝粮七日，弟子们面有菜色，连子路与子贡都心生迟疑，而颜子仍坚决站在孔子身边，并维护夫子之道，认为"夫子之道甚大，故天下莫能容"，这是怎样一种坚定的信念！颜渊对自己老师的主张十分信服，从不怀疑永不动摇，对老师的学问充满景仰之情。他形容老师的学问时说："仰之弥高，钻之弥坚。瞻之在前，忽焉在后。"他赞叹老师教授知识的方式方法，"循循然善诱人，博我以文，约我以礼"，老师善于按次序一步一步地诱导学生，既以文献典籍不断开拓我们的知识面，又以适当的礼仪规范来严格约束我们的行为。"文"侧重知识，重其理论性和思辨性；"礼"侧重技艺，重其应用性与形式化。文要"博"，讲究知识的广度；礼要"约"，即自身所具备的约束力。可见颜子对老师的教法体会得非常深入。孔、颜之间除师生、朋友关系外，还情同父子。《吕氏春秋·劝学》篇说："颜回之于孔子也，犹曾参之事父也。"颜渊之尊师真正达到了事师如事父的程度。

而孔子对颜子亦有别于其他弟子。孔子盛赞颜渊之德行，言语间透露着喜爱和赞美。有人问孔子："颜回何人也？"他回答："仁人也，丘不如也。"孔子还说"虽上古圣人，亦如此而已"，可以说孔子生时就已把颜渊看作圣人了。战国时期的孟子同样将颜渊看作与禹、稷等同的先王圣哲。这足以说明颜子绝非只是一个好学的弟子而已，他是胸怀大志的青年圣哲。

（二）博识善思

知之者不如好之者，颜渊对待学习不仅是为了求知而学，而是将学习当作爱好。因为好学所以博识，就连老师孔子有时也要向他请教。《孔子家语·颜回》写道："孔子在卫，昧旦晨兴，颜回侧侍。"

1. 敏于事而慎于言

孔子曾数次称赞颜子为弟子中最好学者。孔子说过："君子食无求饱，居无求安，敏于事而慎于言，就有道而正焉，可谓好学也已。"儒家重视礼仪而反对过分讲究安逸。颜子就是一个现实的例子，他不求物质生活的安适，做事却十分敏捷，跟随孔子学习，不断依据仁德去匡正自己，可以说是好学的典范。"好学"体现在两方面：一是对所学问题爱寻根究底，以穷其"目"；二是思悟阐发，强调学、思、精、博、通，活学活用，融会贯通，以求有所创新。比如颜渊 15 岁时就曾向孔子请教，怎样才算做到了"仁"，孔子答曰:"克己复礼为仁。一日克己复礼,天下归仁焉。为仁由己,而由人乎哉?"颜渊求知若渴,接着追问:"请问其目?"在得到老师"非礼勿视,非礼勿听,非礼勿言,非礼勿动"的回答后,颜渊若有所思地对老师说"回虽不敏,请事斯语矣",颜渊表示将牢记老师的教诲,在日常行动中实践这种行为准则。

因为好学勤思,颜渊向老师请教的次数很多。《论语》记录了颜渊问孔子的多种问题,所问涉及现实人生的各个方面,如问"修身"、问"成人"、问"君子"、问"仁"、问"为邦"等;《孔子家语》中有颜渊问"成人之行"、问"君子"、问"小人"、问"朋友之际"等,所问涉及个人修为的途径、与人相处的原则及治理国家的大道。尤为可贵的是,颜渊对这些问题常常能有所发挥,有自己的独到见解。孔子称赞他说:"吾与回言终日,不违,如愚。退而省其私,亦足以发,回也不愚。"在孔子看来,颜渊貌似愚钝,但他最善于思考,对孔子的学说领会最深,还可以启发老师,这怎么能是愚钝的呢?

2. 见微知著似神通

颜渊极其聪慧,子贡曾赞叹他闻一知十,就连孔子也自

孔行颜随像拓本

优入圣域坊

叹不如。颜渊看待事物常常有先见之明。《孔子家语》记录的一段颜渊的故事足以说明他过人的推理能力。当时有一位有名的驭马手东野毕，有多匹良马。正当人们对东野毕羡慕不已、称赞有加时，颜渊却对鲁定公预言东野毕的马"将失"，即指他的马最终肯定会逃走。鲁定公很不理解，认为颜渊对东野毕有偏见才说这种话。过了一段时间掌管畜牧的官员汇报东野毕的马果然走失，这让上上下下的君臣大为吃惊，对颜渊钦佩不已，鲁定公赶忙命人请来颜渊询问。颜渊给出的解释，令众人纷纷折服。颜渊的预言并非是无端猜想，而是通过理性推理得出的判断。他认为东野毕为了显示驭马技能的高明，总是"穷其马力"，把马的力气和精力使用得十分彻底，给人留下善于驾驭马匹的印象，但这样对待马匹，最终会逼迫马匹离开。

颜渊还善于通过这样一些日常琐事对君王进行劝谏。如他通过失马这件事时引申道："帝舜巧于使民，造父巧于使马；舜不穷其民力，造父不穷其马力，是以舜无佚民，造父无佚马。""鸟穷则啄，兽穷则攫，人穷则诈，马穷则佚，自古及今，未有穷其下而能无危者也。"由驭马小事推论为政之道，又由此等小事上升到使民治国之大事，认为政治要持之有方，否则就会产生严重的后果。这件事发生在孔子任大司寇前后，其时颜渊只有二十五六岁。颜渊借评价东野毕御马的得失"讽谏"鲁定公，则又显其政事、言语方面的才能之非凡。

《孔子家语》记载孔子在卫国的时候，有一天早上起来，由颜渊陪着外出，突然听到远处传来凄惨的哭声，孔子便问颜渊这种哭声意味着什么，要知道这时他们两人还只是听见哭声，根本没看到什么人，也不了解为什么事而哭，这时颜渊却肯定而自信地回答说："我认为这哭声不只是为家中有人死去而哭，而且还为有人要离开，亲人不得不诀别而哭。"孔子进一步问他为什么，颜渊回答说："桓山的鸟有四只雏鸟，当它们羽翼既成，要独自觅食，离开鸟巢之时，母鸟悲痛不已地相送，其哭声就是这个腔调。这种哭声代表着有亲人从此一别永不返回了。我认为这个哭声有这层意思。"孔子使人问哭者，哭者果然说是因为父亲去世，家里十分贫穷，只能卖掉儿子以埋葬父亲，现正与儿子因永别而哭泣。孔子赞叹颜渊善于识音，大家都佩服颜渊独有的敏锐而正确的观察、推理与判断能力。

可见颜子是一个全面发展而又能学以致用的出色学者，绝不是有些人所说的迂腐之人。孔子说他"不违如愚"，只是称赞他大智若愚，更何况，孔子又接着说他"退而省其私，亦足以发"，说他听完教诲注重反省自我，进一步思考，往往能提出新的见解，足以发明师说，这不是一般学生能做到的。

颜渊不仅虔诚地接受教诲，还好学深思，善于推理，并默识之，忘怀自我，看似愚钝，实际上是聪明睿智的表现。

3.博古知今助夫子

颜渊不仅智商高，而且情商高，勤奋扎实。非常注意团结同学朋友，对老师更是全心跟随又适时辅助。颜子虽为弟子，但因随侍孔子时间久了，又加上自己博学勤思，在某些方面可以提醒老师，或者启发老师。所以孔子对颜子赞叹有加，曾与子贡一起盛赞颜子之智慧，说自己和子贡两人都比不上颜子，有时甚至称颜渊为自己的老师，还与颜渊开玩笑说："使尔多财，我为尔宰。"晏子曾记载过颜渊助益孔子的情形，他说："孔子德不盛，行不厚，则颜回、骞、雍侍。"孔子在道德方面出现不足、行事遇到阻力时，需要颜渊等人予以帮助提醒。孔子还更进一步称颜渊为"友"，并自豪地说："文王得四臣，丘亦得四友焉。自吾得回也，门人加亲，是非胥附邪！"就是说，因为有了颜回，门人们受到其影响，更加亲近孔子了。《尸子》中记载了孔子的一段话："志意不立，子路侍；仪服不修，公西华侍；礼不习，子游侍；辞不辨，宰我侍；亡乎古今，颜回侍；节小物，冉伯牛侍。吾以夫六子自立也。"这是孔子对其弟子各种才能的评价，其中的"亡乎古今，颜回侍"指颜子博学多知，不仅对于西周与春秋时期的天下形势十分清楚，对于往代之事也了然于胸，连孔子有时也需要询问他。

（三）安贫乐道

孔子说："好之者不如乐之者。"有一种境界就是将所从事的事业当作乐趣，这是一种极高的境界，颜子与孔子以终生行仁为乐，后人归结为孔颜之乐，或称"孔颜乐处"，成为后世士大夫哲学领域的终极追求。

1. 贫如富，贱如贵

颜渊真的是贫苦之士吗？颜氏原为王族后裔，虽没落，但不见得贫穷。颜渊说过："有郭外之田五十亩，足以给飦粥；郭内之田十亩，足以为丝麻。"物质生活无虞，甚至可以鼓琴自娱。但颜渊所重的不在物质的贫厚，而在于道的追求。他说"所学夫子之道者，足以自乐也"，即以学道为乐。把追求学问当作乐趣，就无怪乎他以贫如富、以贱如贵了。颜子志向宏大，胸襟宽阔，意志坚韧，情操高尚，不汲汲于物质享受而志在天下，心怀民众。无论处于贫贱环境，还是身处荣华场所，都一样不易志节、不改操行，这种超凡脱俗的心境，古今无人可敌。千年之后思想家程颐曾说："颜子则箪瓢如是，万钟如是。"忘身物外，专注如一，内心无比强大，精神感天动地，千百年来多少仁人志士在追寻，在叹惋！富如贫可以做到，贵如贱亦不难效仿，唯独反过来却难以坚守。贫而乐，富而好礼，是平常人难以达到的境界。颜子就是一个处贫而乐的人，他将身外之物置之度外，专心致志地追求天下之大道，如果后人认为他安于贫贱、不思改变，就是极大的误解了。

2. 以何为乐

追求安乐是人的本能，但以什么为乐，却显示出人的境界的差异。孔子把"乐"与"仁"二者结合起来看待，认为"不仁者不可以久处约，不可以长处乐。仁者安仁，知者利仁"。意思是说缺乏仁德的人不能长久地处于贫困之境，也不能长久地处于安逸之中，因为他们不会调节个人欲望，导致内心不安。有仁德的人可以从仁德中得到安乐，有智慧的人从仁德中得到利益，也就是说仁者才能安贫乐道，孟子讲过"无恒产而有恒心者唯士为能"，也是指这个道理。颜子不爱慕富贵，认为天地之间尚有比物质享受更重要的东西，忘我追求就会获得内心的平和，体会到其中的乐趣。孔子也说过："吃粗茶淡饭，枕着自己的胳膊睡觉，只要合乎道义，这样的日子也充满乐趣。"颜子与孔子的精神追求被后人称为"孔颜乐处"，最早由北宋理学家周敦颐提出，二程、朱熹等亦有所阐释。"孔颜乐处"是儒学推崇的安贫乐道、达观自信的处世哲学，指终生为学道、守道与弘道而乐。《论语》记载了许多孔、颜共同学道的情形，颜渊更以好学著称，孔子曾多次专门赞扬他。《孔子家语》《韩诗外传》《说苑》等多种古籍均记载颜渊表述自己的政治理想是作为辅相，以礼乐教民，大家和平相处，做到各国各城不必修城郭、建沟池等防御设施，武器化为农器，家家可以安康，生活无后顾之忧，无战斗之患。这种政治理想是将庶民安居乐业定为终极目标。孔子称此为不伤民、不害民、不繁词。可见颜渊之乐包含有淳厚的重民爱民思想及与民同乐的成分。

3. 忧乐同于夫子

孔子与颜子虽为师徒，但二人常平等地探讨同一个问题，在一些事情的看法上非常一致，因此处处碰壁的孔子对颜子特别珍重，当他们看法一致时，孔子常不由自主地嗟叹再三。如当孔子厄于陈蔡，众弟子有他心而纷纷离开时，唯有颜子坚定地留下来支持孔子，并一心认定孔子之道为天下至大，这使孔子十分感动，甚至高兴地表示自己愿意为颜子做宰辅，"有是哉！颜氏之子，使尔多财，吾为尔宰。"孔子年长颜子三十余岁，却说自己愿辅佐颜子，这当然是在与弟子开玩笑，同时又显示出老师对这位弟子是多么由衷地欣赏啊！

颜子曾以"乐天知命故不忧"的话劝慰孔子，孔子进一步阐发对忧与乐的理解，讲乐天知命有忧之大，即乐于天道的安排，明白命运的穷通，所以不会有忧愁，这只是个体获得的自由；但忧虑天下治乱，寻找改革良方而不得，这是对国家未来及人类命运的担忧，是大忧；而真乐真知，是对天道通彻感悟中所得到的乐，是无所不乐。这是生命的三个不同层次、三种不同境界，孔子悟到了，颜子学到了，聪明如子贡者却不能理解。

孔子反复多次称赞颜子好学，认同他安贫乐道的做法。"贤哉！回也！一箪食，一瓢饮，在陋巷，人不堪其忧，回也不改其乐。贤哉，回也！"颜氏所居之地"陋巷"因此而得名，"箪食""瓢饮"成为后世文人描摹贫穷生活状态的著名典故。

颜渊关注的是什么呢？不是吃什么美食，也不是饮什

卓冠贤科坊

么佳酿，更不是居住在什么高标准的华屋里，而是关注从孔子那里学来的道，并思考怎样去践履。孔子自己也如此表述："饭疏食饮水，曲肱而枕之，乐亦在其中矣。不义而富且贵，于我如浮云。"说明了有理想、有志向的君子，不会在意吃、穿、住等物质条件。孔子希望别人认识到，"其为人也，发愤忘食，乐以忘忧，不知老之将至"，这才是孔子为人好学的生动写照。孔子、颜子所乐之处在于学道、行道及弘道，为了心中的理念而终生追求。孔子曾对颜渊说："用之则行，舍之则藏，惟我与尔有是夫！"芸芸众生，熙来攘往，天下唯有此师徒二人可以做到不为物欲驱使，仅为实现理想而生存。这一句话也说明了孔颜二人不仅惺惺相惜，实际也确为神合志契者。

（四）躬身弘道

1. 乐道、守道、弘道

颜渊好学、乐学，还守道、弘道，注重实践。他跟随孔子周游列国，每到一地总是不遗余力地宣传推行孔子学说与治国之道。但孔子的学说并不能为当政者所接受，每每碰壁，弟子纷纷生出怀疑之心，只有颜子坚定不移地跟随孔子。"夫子之道至大，故天下莫能容。虽然，夫子推而行之，何病不容，不容然后见君子。夫道之不修，是吾丑也；夫道既已大修而不用，是有国者之丑也，不容何病？不容然后见君子。"颜渊的态度相当明确而坚定，不仅表达了个人对孔子的敬仰，还吸引了其他弟子传道行道，所以孔子曾说："自吾有回，门人日益亲。"

颜渊的一生除了跟随孔子学道，还曾践履孔子学说。《庄子》记载了颜渊从政的一个事例。他听说卫国的国君，因为年轻，办事专断；处理政事十分轻率，却看不到自己的过失；役使百姓，使人民大量死亡，待民如草芥一样，百姓无处可逃，于是他决定去卫国实践自己的政治理想。在离开之际他对孔子说："我曾听老师说：'国家治理得好了可以离开它。国家治理得不好我们就应该赶过去，就好比"医生门前病人多"一样的道理。'我多年来跟随您学习了治国的理念和方略，希望根据先生的教诲思考治理卫国的办法，卫国的这些病症也许还可以救治吧。"颜子不仅意欲救治卫国，还曾向东到了齐国，意图怀抱儒家"法先王、尊圣王"的主张去游说齐侯。其他史料中有记载颜渊曾向西游说王侯之事。这些都可看出颜子努力将所学的知识、所积累的才华运用到社会实践中去。

2.勇于自我约束

颜渊善于探索学理，并将学理具体化到生活中，再付诸行动。如年仅15岁的他曾向孔子问"仁"，孔子回答说："克己复礼为仁。一日克己复礼，天下归仁焉。为仁由己，而由人乎哉？"克己复礼，意思是克制自己的私欲，使自己的言行皆合于礼，也就是一切行为做法都不违反礼的规定。当时的礼，就是今天所说的社会规范。如果每个人能做到克制自己，行为时时刻刻符合社会规范，人与人之间充满礼让之情，相互关爱，天下就趋于"仁"了。这种为仁之心只能由自己控制，而不可由他人控制。这也是孔子所主张的"君子求诸己，小人求诸人"的含义。颜渊进一步请教为仁的具体措施，孔子给出了四非原则："非礼勿视，非礼勿听，非礼勿言，非礼勿动。"也就是在生活中无论观看，听闻，还是发言、动作，都要符合礼的规范。视、听、言、动，这四条细目涵盖了一个人的日常行为，非常具体且具备可执行性，颜渊深深加以体会并表示一定要落实到行动中来，他说："回虽不敏，请事斯语矣。"于是他三月不违仁，真正做到了终生行仁。作为士君子，应当有自知之明，要自尊自爱。当孔子问颜子"智者若何，仁者若何"的问题时，颜子说："智者自知，仁者自爱。"表现出很高的道德修养。孔子称赞他

明陋巷故址碑

有君子之道四："强于行己，弱于受谏，怵于待禄，慎于持身。"表明颜子具有不同寻常的自我约束能力。

3. 克己复礼称复圣

许多弟子向孔子问过"仁"，孔子对各位弟子的回答不尽相同，体现出因材施教的教育技巧。如给子路的回答是"修己以敬"，让子路做到庄重严肃；给子贡的回答是"己欲立而立人，己欲达而达人"，让子贡推己及人；给司马牛的回答是"其言也讱"，让他出言谨慎；给仲弓的回答是"己所不欲，勿施于人"，让他做到恕；给樊迟的回答是"居处恭，执事敬，与人忠"，是指日常生活中个人应具备的态度，这是作为仁者最基本的要求。孔子给颜渊的回答是要求最高的，"一日克己复礼，天下归仁矣"，殷切地期望他引领天下民生走向安居乐业的理想社会。在孔子思想中，"仁"和"礼"是相互制约的。孔子讲"礼"是希望人们克制、约束自己，以维护社会秩序的稳定，使民众安居乐业，最终达到仁的境界。孔子重视对颜渊进行"礼"的教育，并将"礼"的教育推广和提升，从"非礼勿视，非礼勿听，非礼勿言，非礼勿动"的一般告诫上升到"不知礼，无以立也"的安身立命的高度。颜渊关心"为仁"并践行"为仁"，正与"三月不违仁"之评价相对应。后代帝王封颜子为复圣,"复"字即指颜子的一切行为都合于礼,是圣人的再现。

《中庸》记载,孔子曾评价:"回之为人也,择乎中庸,得一善则拳拳服膺而弗失之矣。"作为一种重要的思想方法与处世原则,被儒家认为是一种美好德行。颜子无视生活的简单清苦,一心向孔子学习道义,并时有发挥,而至于乐道,不慕富贵,追求着儒家的最高道德和艺术境界,为颜氏子弟树立了光辉的典范。

二、家风绵延：德才并重

颜渊对后人的影响可谓大矣，历代帝王、文人仕宦都极尽称赞，自不必说，他更是颜氏家族内部瞻望的焦点，两千余年颜氏家族的发展由此振起，颜子的德行与智慧成为后人挖掘不尽的源泉，以德立家、以才传家的家风亦由此奠定，并绵延千年。颜渊被后世的颜氏家族奉为一世祖，他安贫乐道、勤奋好学的种种美德，是留给后人的巨大精神财富，一代代传承下来。至汉魏晋时期颜氏家风渐渐显示出较为鲜明的特色：首先是重德行修养，主要以儒学精神自我修为，形成世以儒雅为重的家风。颜渊之后，战国时期颜阖、颜斶等人亦有不朽的业绩传名后世，宋代苏轼有诗写道："颜阖古有道，躬耕自衣食。区区鲁小邦，不足隐明德。"战国齐人颜斶，曾说服齐宣王礼贤下士，而后拒绝厚礼，归隐山间，愿得"晚食以当肉，安步以当车，无罪以当贵，清静贞正以自虞"，被后人尊为隐逸之人的典范。他们保持个性独立、尊重自我的精神同样为颜氏后人之楷模。秦汉以降的颜氏子弟谨守儒家之道，或为官清廉，或孝悌忠义，各有成就。其次，安贫乐道的生活态度造就了后人清静自守、知足中庸的处世原则，培养了淡泊勤勉的家风。再次，颜渊克己复礼、努力践行的行为方式为后人树立了弘道的典范，其后人无不以儒学为追求，以弘扬大道为己任，仅南北朝便出现了数位志士仁人。最后，颜渊好学，令家族后人重学，因而不仅在经史讲义上有大量传世之作，在文字训诂、音韵之学上亦贡献良多，家族史上以名德、学业、著述、文翰留名青史的人不计其数。

（一）家风源远流长

东汉末年，在颜氏家族的发展史上发生了一件影响深远的大事，那就是颜盛率族迁离祖籍曲阜，来到山东琅玡。从此家族文化开辟了一方新天地，家风得以进一步确立。

颜盛率族东迁的故事被颜真卿写入《颜氏家庙碑》中："魏有斐、盛。盛字叔台，青、徐二州刺史，关内侯，始自鲁居于琅邪临沂孝悌里。"魏文帝黄初年间，颜盛曾任青州、徐州刺史，几乎同一时期，同一个地区另一个琅玡大家族的祖先王祥与王览也活跃在历史舞台上。后来王祥还以卧冰求鱼的故事被记录入传统的二十四孝图中，从而广为人知。颜氏家族在孝悌之道上亦有名于当世。颜盛携眷属徙琅玡临沂定居之后，代传孝恭，因号其居"孝悌里"。据清代乾隆及光绪年间的史料记载，"孝悌里"在今山东费县县城东五十里诸满村，一说在今山东临沂沂南县砖埠镇常桑杭村。这一地名自曹魏时代至于清代一直沿用，颜氏家风遗响千年。里，相当于今天的基层行政单位乡村。颜盛率族前来定居，使得此地聚居了较多的人家，又因颜氏的德行影响，所居地被命名为"孝悌里"，可知孝悌不仅促成颜氏家风，对当地的风气也有着非同寻常的影响。三国时的陆凯曾说："君贤臣忠，国之盛也。父慈子孝，家之盛也。"孝悌是这一家族戴上士族桂冠的一大法宝。

　　颜斐、颜盛二人原本都是举孝廉出身，《孝经》说："孝谓善事父母者，廉谓清洁有廉隅者"，表明他们在当时博学多才，有孝行，且行事清廉。由汉末以来，颜氏家族诸人皆治经书，以家族传承学问，秉持儒学，堪称儒学世家。颜盛以其孝行美德赢得乡里敬重，这种家风以父子相继的形式传承下来。颜盛之七子皆有学行，其中次子颜钦，字公若，曾任广陵太守给事中，封葛绎子爵，经学造诣较高，精通《韩

颜盛

颜钦

颜默

颜含

颜盛、颜钦、颜默、颜含画像

诗》、《礼》、《易》、《尚书》，"多所通说，学者宗之"。颜钦之子颜默，字静伯，任汝阴太守护军，袭封葛绎子爵。李阐《颜含碑》记载颜默"学素相承，有声邦党"。颜默生三子，最少者为西平靖侯颜含。颜含"以儒为行"，随司马睿南渡后以"儒素笃行"被选为太子中庶子，后来又做过黄门侍郎、本州大中正。颜盛祖孙四代积累了家学，熏染了家风，令家族朝向一个带有鲜明特点的方向发展。

在东晋之后而至南朝末年，颜氏虽为侨姓世家大族，但也与其他侨姓大族有着诸多区别，表现出儒学世家的鲜明本色。东晋伊始，玄、儒、释的冲击空前剧烈，众多世家大族分别由儒转玄，况且由儒转玄的早晚影响家族社会地位高低的确认，如琅玡王氏、陈郡谢氏、兰陵萧氏等家族皆将儒学弃置一边，成为玄学的领军人物。在这种谈玄热潮中，颜氏家族仍笃行儒家孝悌，坚持儒学正宗。颜子第二十九代孙颜含就是杰出代表。

颜含很早就以孝悌闻名乡里，做人为官注重实际，从不虚浮好名。门阀制度盛行的时代，各大家族之间热衷相互联姻，互攀势力。颜含在渡江之际与桓彝一路同行，经历相似，引为知己。桓彝为传统儒学世家谯国桓氏子弟，是东汉经学大师桓荣的嫡系九世孙，饱读儒学经典，与琅玡颜氏门第相当。他曾为自己的儿子桓温向颜含之小女求

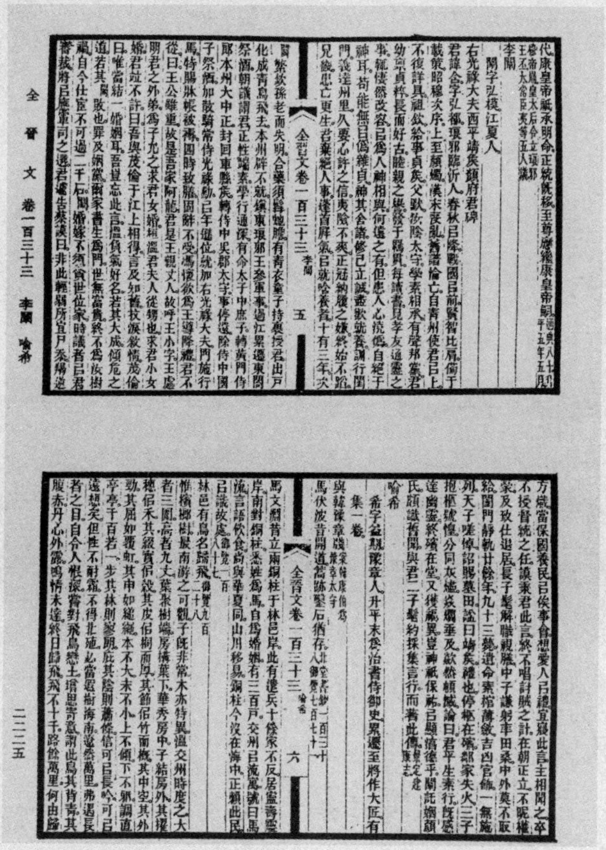

代康皇帝祇承明命正統既移至尊纘康皇帝嗣(?)（平五年五月）
（穆帝母皇太后令立琅邪王丕太常臣彪等五人議）
李闡
闡字弘模江夏人
右光祿大夫西平靖侯顏府君碑
君諱含字弘都琅邪臨沂人春秋以降戰國以前賢智比肩備于
載策昭穆次序上至顏孀(?)漢末喪亂譜諜淪亡自青州使君以上
不復詳具祖欽給事貞侯父默汝陰太守學素相承有聲邦宰(?)君
幼而貞粹長而好古睦親之樂發于弱冠每讀書見孝友通靈之
事輒悽然改容以爲人神相與何遠之有但患人心撓僞自絕于
神耳苟能無以僞雜真神其合諧修己立誠盡歡就養謂行聞
門義達州里久要必許之信夷險不爽正冠納履之嫌終始不踰
兄畿忽亡更生君棄絕人事遂首屏氣以就哈養者十有三年次
（闕）嫂樊(?)孫(?)老而失明合藥須髯蛇膽有青衣童子持函授君出戶
化成青鳥飛去本州辟不就鎮東琅邪王參軍事過江累遷東閤
祭酒朝議謂君正性端素學行通深有命太子中庶子轉黃門侍
郎本州大中正封西平縣侯轉侍中吳郡太守事侍遜除侍中國
子祭酒加散騎常侍光祿勳以年遜位就加右光祿大夫門施行
馬特賜牀帳被褥四時致膳固辭不受馮懷欲爲王導降禮君不
從曰王公雖重故是吾家阿龍君是王觀丈人故呼王小字王處
明君之外弟爲子允之求君女婚坦(?)溫君夫人從甥也求君小女
婚君並不許曰吾與茂倫于江上相得言及知舊抆淚叙情茂倫
曰惟當結一婚姻耳吾豈忘此言溫負氣好名若其大成傾危之
道若其（闕）敗也罪及姻黨爾家書生爲門世無富貴終不爲汝樹
禍自今仕宦不可過二千石婚嫁不須貪世位家時議者以君
眷(?)莪(?)將以疾率(?)司之遜君遂告禁淚曰非此輕弱所宜尸桑(?)榻(?)遜(?)

全晉文　卷一百三十三　李闡　喻希

方歲當保固養民以俟事曾想愛人以禮宜寢此言主相聞之卒
不授督統之任議(?)秉君此言終不唱討賊之計在朝正立不昵權
家及致仕退居長子髦解職視膳中子謙躬耕田桑中外莫不取
給閨門靜軌卅餘年九十三薨遺命素棺薄斂吉凶官飾一無施
列天子嗟悼詔賜塋田謚曰靖侯禮也停柩在殯鄰家失火三子
抱柩號慟分同灰燼炎熾垂及歘然頓滅論曰君平生素行既感
達幽靈終殯在堂又獲靈異豈神祇保祐以顯積德乎闡託姻顏
氏頗識舊聞與君二子髦約採集言行而著此傳（嘉定建康志）
喻希
希字益期豫章人升平末爲治書侍御史累遷至將作大匠有
集一卷
與韓豫章箋（宋衍康伯爲豫章太守）
馬伏波昔開道蔫(?)跡豎石猶存（北堂書鈔一百三十　御覽七百七十）
馬文淵昔立兩銅柱于林邑岸北有遺兵十餘家不反居盡(?)壽靈(?)
岸南對銅柱悉姓爲馬自爲婚姻有二百戶交州以流寓號曰馬
流言語飲食尚與華夏同山川移易銅柱今沒在海中正賴此民
以識故處（御覽一百八十七）
林邑有鳥名歸飛（御覽九百二十八）
惟檳榔樹最南游之可觀子既非常木亦特異盛交州時度之大
者三圍高者九丈葉聚樹端房構葉下華秀房中子結房外其擢
穗似禾其綴實似穀其皮似桐而厚其節似竹而概其中空其外
勁其屈如覆虹其申如縋繩本不大末不小上不傾下不斜調直
亭亭千百若一步其林則寥朗庇其蔭則蕭條信可以長吟可以
遠想矣但性不耐霜不得北植必當遐樹海南遼然萬里弗遇長
者之目自令人恨深嘗對飛鳥戀土增思寄意謝此鳥其背青其
腹赤丹心外露鳴情未達終日歸飛飛不十千路餘萬里何由歸

二二二五

《右光禄大夫西平靖侯颜府君碑》碑文

婚。桓温为颜含夫人的从甥，即说明世家大族谯国桓氏与颜含夫人家族早有联姻，桓彝求婚是为亲上加亲。颜含看到桓彝之子桓温负气好名，将来一定大有成就，但也会因势高权重而引来杀身之祸，因此果断拒绝了桓氏的约婚。桓彝后来追求时尚，又是裸奔又是酗酒，出尽风头，桓温奉迎巴结，主动营造有利于自家发展的社会关系，地位逐渐上升，并得到了晋明帝的亲善。桓温后来尚康成公主，成为大司马，手握重兵，权倾朝野，炙手可热。桓氏家族不再持守汉代的文化传统，颜含因看不惯桓氏的家风而拒绝联姻。

颜含过江时，已经权倾一时的琅玡王氏曾求婚于颜氏。王氏家族与颜氏家族同样来自琅玡，王导权势如日中天，东晋皇帝曾说过："王与马，共天下。"足见王家的势力与皇家并列。颜、王二姓早就有联姻。据东晋李阐《右光禄大夫西平靖侯颜府君碑》，颜含称王导为"自是吾家阿龙"，又说颜含为"王亲丈人"，可见颜含与琅玡王氏有很近的亲戚关系。据李阐《颜含碑》载："王处明，君之外弟。"王舒为颜含的表弟，他为自己的儿子王允之求婚于颜含之女。汉晋以来两家族世代联姻为惯例，被称为重亲。王舒求婚于颜含，在二氏联姻关系中本为情理中事，而颜含却因王家势力太过炙热而拒绝了。

颜含并非嫌弃这两家人，而是要避开锋芒。他告诫子孙说：我们颜家历代为读书治学出身，世世代代未有过大富大贵，我们不能为子孙树立祸患。从今以后颜家子弟仕宦不可过两千石，婚姻方面不要选择独重权势的世家贵族。儿女婚配的关键是注重配偶的"清白"，而不要去贪图权势之家的地位。颜含的这番话分别从宦、婚两方面对家族的立家之本进行规定，后人称"靖侯家规"或"靖侯成规"，北齐颜之推《颜氏家训》、唐颜真卿《颜含大宗碑》对此有记载，可见对其家族影响甚巨，成为颜氏家族早期族训的雏形，影响直至千年。这一方面说明颜氏谨守儒业，以文化传家作为自己家族的主要追求；另一方面也反映了颜氏惧乱避祸的深层文化心理。忌盛讳满、知足中庸成为颜氏家风的一大特点。

从颜含开始，颜氏子弟祖传家业，世代为官。同时代许多世族子弟生活醉生梦死、腐败奢靡，颜氏子弟却始终坚守祖传遗风，淡泊名利、勤俭持家。经历了颜盛、颜含两代的发展，东晋时期，颜氏家风奠定"孝悌"之基，从此初步形成了颜氏家族的良好家风。颜氏家族在琅玡大地上生活繁衍了七十余年，酝酿了丰富的家族文化，颜含随元帝南渡，初步制定了族规族训，从婚姻、仕宦两个最重要的家族基因上为家风的形成与传承指引了方向。

1.父子相继体现家风传承

无论是颜渊还是秦汉以下的颜氏后人，在生活行事上更多地体现出"孝"、"悌"与"友"等品质，引而申之，孝悌之心即为辅君、爱民之仁心，正合克己复礼之义。颜氏家族此时的家风主要表现为父慈子孝，兄友弟恭，与人交而有信等，从根本上说还是秉持儒家文化。由孝而忠，培养出节义廉耻的家族文化就顺理成章了。总之，无论朝代如何变换，现实如何险恶，传统的儒家价值观念仍在颜氏代代相传，这就是家风传承的稳定性表现。

颜氏子孙在南朝记载清晰，文学如颜延之及其四子，忠烈如颜见远、颜之仪，学术如颜协、颜之推等，南朝一百六十余年，颜氏繁衍了七代人，对于颜氏家风的延续起到了关键作用。

颜延之与颜竣父子，安邦定国，奋发有为。颜延之深受儒学思想熏陶，忧国忧民，以天下是非为己任。面对刘湛等人独断专权，他置个人利益于不顾，公然发表评论："天下之务，当与天下人共之，岂一人之智所能独了！"颜延之的仕宦生涯几经起伏，虽没有机会施展自己的政治才华，但他对当局者的冷嘲热讽表明他还是有自己的政见的。颜竣在宋孝武帝一代显露了他的政治才华。颜竣起家为太常博士，后转任刘骏世祖抚军主簿，即现在所谓的贴身秘书之职。元凶弑立之后，刘骏讨伐刘劭，颜竣参定密谋，并写下了著名的书檄《为世祖檄京邑》。这篇檄文笔力雄壮，文章气势磅礴，具有强烈的宣传鼓动作用，"奉三月二十七日檄，圣迹昭然，伏读感庆。""檄至，辄布之京邑，朝野同欣，里颂涂（途）歌，室家相庆，莫不望景耸魂，瞻之伫足。"453年刘骏即皇帝位，颜竣作为蕃朝之旧臣，又被任命为吏部尚书，"留心选举，自强不息"，为当时的皇帝刘骏选送了大批人才。当朝先后有两位吏部尚书——颜竣和谢庄，但其为人与为官风格截然不同。谢庄出身赫赫有名的陈郡谢氏家族，唯重适情宜性，追求潇洒飘逸，对职责内事不加用心。时人称："颜竣嗔而与人官，谢庄笑而不与人官。"指颜竣外表冷酷，实忠于职守，勤奋务实，谢庄虽满面笑容，却人浮于事，不能完成帝王授予的任务。从这两个人的表现中可以看出颜氏、谢氏两大家族不同的文化特征。

宋孝武帝刘骏即位的第二年，江山还没稳固下来，就有两员重将起兵反叛朝廷，威胁着新政权的统治。为了加强对京畿地区的控制，孝武帝刘骏任命颜竣为丹阳尹、加散骑常侍，颜竣亦尽心效力，保卫了朝政的安全。此时孝武帝对颜竣的宠幸达到极点，亲自给颜竣之子取名为辟强，以比汉侍中张良之子，显然是以颜竣为汉时的张良。颜竣恪守职责，忠于朝政，不惜犯颜进谏，即使激怒帝王也不畏惧。然而颜竣面对的皇帝刘骏不喜"直言忤旨"，最终颜竣因谏诤获罪致命。孝武帝诬陷颜竣与刘诞是同谋，窥占国柄，免除颜竣所居官职。大明三年（公元459）五月，颜竣被抓入狱，无从申说，即悲惨地死在狱中。颜竣的妻子与子孙被流放到偏僻的交州，忌恨颜竣的权臣还不罢休，指派追兵在途中将颜家男子推入江水中淹死。颜竣一支从此断后。

颜竣既为孝武经国之大臣，参与到政治、经济、军事各个领域中，其经济才能也十分突出，曾写过《与虏互市议》一文，分析利弊，反对边境互市，指出敌方意欲互市的真实目的在于窥探国情，实乃深谋远虑、一针见血。颜竣还就货币问题写作过多篇政论，详言利弊，分析透彻，言语自信，为文条理清楚，思辨力强，现存的《铸四铢钱议》和《铸二铢钱议》两篇文章，显示了颜竣大手笔的风范和经济学家的头脑。

颜邵父子，在刘宋时立下奇功。颜邵即颜邵之，为颜含之曾孙，史载其为颜綝之从子，与颜延之同辈。颜邵本为大将军谢晦的司马，曾为谢晦谋划废立之事，是谢晦的心腹。但当谢晦有反叛之心时，颜邵劝谏不成，清醒地认识到存在的危险，自求外任以避祸。可惜还没来得及到达竟陵太守的任上，正赶上谢晦谋反被征讨，颜邵饮药自尽，以此表明自己的清白，用生命结束了两难境地，这是对叛乱的无声反抗。颜邵之子颜师伯，为颜竣之族兄。颜师伯是南朝宋孝武帝的宠臣。大明元年，颜师伯因平定叛乱被封为平都县子，食邑五百户。索虏拓跋睿率部进犯青口时，颜师伯在一个月内四战四捷，大歼众敌。孝武帝下诏褒奖颜师伯，进号征虏将军。大明三年（459）竟陵王刘诞叛乱，颜师伯又一次率军平定了叛乱。颜师伯的军事才能在内乱外患的战争中得以充分地发挥与展现，所以他以后的升迁更是顺理成章，以至恩宠有加，"群臣莫二"。世祖临崩时留下遗诏，命时任尚书仆射的颜师伯与江夏王刘义恭、尚书令柳元景、始兴公沈庆之、领军将军王玄谟一同辅政。颜师伯的侄子娶臧质女，臧质即因此对颜师伯提携有加。然颜师伯对臧质的知遇之恩并未报答。臧质密谋败露后被斩，颜师伯不仅没有因与臧质的姻亲关系而施救，反而率军平叛臧质之乱，显示了他刚毅果断的性格，与乃父有极其相似之处。颜师伯凭借其出众的军事才能在战争中表现非凡，在刘宋政权的维护上发挥了很大的作用，所以他仕途上备受恩宠，官居显赫之位。

颜竣与颜师伯两大权臣在家族达到鼎盛时期，不知忌盛讳满之训诫，不仅引祸上身，还导致了家族的衰落。三十多年以后，颜氏家族再次兴起，这一次继承颜氏家风的代表人物是颜见远。颜见远与颜竣、颜师伯同祖颜含，为颜含长子颜髦之后人。这一支因绍继家风，节义事君，坚守气节，树立风范，在历史上留下了光辉的一笔，促成了消歇之后的家族文化复兴。颜见远，自少时便博学有志行，曾任职荆州录事参军，齐和帝时任治书侍御史，兼中丞。但时间不长，萧衍迫使齐和帝退位，自己称帝，改国号为梁。朝代更迭，本是南朝士人司空见惯的事，但颜见远却为之不食，最终发愤数日而卒。整个刘宋时代，皇室杀戮不断，高门人人自保，节义廉退早已摈弃。而在齐梁易代之时，有人怀抱贞节之义，虽不能以一己之力保全故朝，却以身相报，全其名节，可谓难能可贵。

颜协深得其父节义之品德，坚持气节，不仕新朝。本传记载："（颜协）又感家门事义，不求显达，恒辞征辟，游于蕃府而已。"可见父子相承，绍继家风，为当时人所重。文人既以文化持家自立，为文又多发性灵，因而容易招致祸患。颜见远父子二人同为文人，但一个以气节杀身以成仁，一个以游于蕃府全身避祸、卷而怀之，同是实践了儒家"达则兼济天下，穷则独善其身"的政治理想。这在家族发展史上是一次文化复兴，对于之后的家族文化集大成者颜之推有着直接而鲜明的影响。

父子相继在封建社会里有着天然的条件。其一有血缘关系，这种天生的内在联系早已将父子的本性、气质，甚至处世方法打造出来；其二有共同相处的家庭背景，日夜相处的生活环境，都使得父子之间的交流影响甚于他人，尤其是父对子的影响更是突出。父亲的行为、思想、处世方略无形中给儿子以熏陶和感染。在颜氏家族中这一现象尤为明显。南朝一百余年间，出现颜延之与颜竣、颜绍与颜师伯、颜见远与颜协、颜协与颜之推四对父子共载史册的事实不是一个偶然现象，在一定程度上反映了这个家族相对稳定的文化传承。孔子讲父丧后，孝子"三年不改于父之道"，子承父志，爱心的递相授受，人文的薪火相传，如此一代代进行，持久地历练着一个古老的家族。

2. 一《铭》一《传》训诫子弟

第一，誉美众族。

颜延之不仅是一位具有创造性的文学大家，他对家族的发展同样十分用心，留下两篇有着明确教诲子孙和宣传家风目的的文章，一是《西平靖侯颜府君家传铭》，二是《庭诰》。前者以铭文的形式赞颂了颜氏文化起源的福地及颜氏圣贤之人。此铭言语间洋溢着自豪之情，表明了身为颜氏传人的自尊自爱。"仙"、"圣"、"智"、"仁"指颜氏子孙历史上的杰出人物。特别颂扬了鲁之颜渊、齐之颜厉（一作燭），以此两位历史人物的惊人之举概括了颜氏文化的巨大影响力。春秋时期的颜阖逃避鲁哀公的聘任，逾墙而走，视富贵功名如粪土，追求个体生命的自由。战国时齐国高士颜斶勇于抗争齐宣王，维护了士的人格尊严和特殊地位，被后人传为美谈。颜延之通过对先秦时期颜氏人物事迹的追述，清晰地描绘了这一家族的文化和自身特色。铭文还叙述颜盛率领族人迁居琅玡后家族发展的过程。颜斐、颜盛兄弟及后来的颜钦、颜默等人皆具文韬武略，政治功勋显著。"建节中平，分竹黄初"，讲述执持符节、受命出使的祖先事迹。最后主要描述颜含的生平作为，既秉儒家之敦经、凝绩之说，辅佐君王，处事中庸，又信奉道家幽灵之说，并奉行功成身退的政治理想，他儒道互补，很好地体现了进退由己的人生哲学。颜含"忌满裁婚"的主张深深影响了这个家族将来的发展，髦、谦、约兄弟三人具体实践了封建家长的训导，家族上下都恭敬地遵守先祖制定的遗教，孝悌永存，葆有高洁。

颜延之在铭文中赞颂宗祖，誉美众族，有着强烈的家族自豪感与荣誉感。铭中提及的颜氏血亲都是族中英杰，如颜阖、颜斶分别是出世和入世的典型，颜盛、颜含等人实践着先祖遗训，开创了新的篇章。颜延之在这篇作品中回顾家族伟业，提炼精神遗泽，是对先前家族文化的一次大总结，也是对家风的精萃概括。尊祖敬宗进而收族，从宗法制度提升

宋颜公读书岩

到伦理规范，就成为一系列"修己安人"的道德实践。如果说《西平靖侯颜府君传铭》是颜延之尊祖敬宗的表白，那么《庭诰》一文则是颜延之意图规范家族伦理、教导子弟在乱世中求生存并进而收族强宗的表达。

第二，孝悌勤俭。

颜延之因性情刚直狂诞不为朝廷所容，被罢官后，屏居里巷，七年未曾出仕。六朝时期，建康城是首善之区，有如梦似幻的烟雨楼台，有香艳精致的秦淮舟船，城外滚滚长江奔涌向东。乌衣巷里车水马龙，热闹非凡，一派繁荣豪华气象。颜延之却耐得住寂寞，闭门谢客，专心治学。没有了朝廷俸禄，仅凭家产生活，有时不得不靠友人接济，这一点倒颇似他的忘年交故友陶渊明。七年闲居期间，他写下了《庭诰》一文，由标题可知是在家族内部为子孙留下的告诫类文字，是一篇具有私密性质的家训专文。颜延之曾经周旋于险恶的人际环境中，在为人臣、为人父这两个方面都有刻骨铭心的认识，他将多年积累的经验在文章中一一教导给子弟。

通过文本细读，我们略可勾勒一幅生动的慈父教子图。全文内容主要以论家族生存永恒之道为主，以论家族中人立身行事之法则为辅。教导子弟立身行事之方，不仅告诫颜氏子孙如何修身明道、出仕为学、居家处事、交友娱乐，还对如何穿衣戴帽等这些饮食起居小事作了具体详尽的训诫。

　　《庭诰》主要从对己、对人两个方面进行训诫，总的意旨在于，对己要谨慎，对人要宽仁。文章不仅大量引用儒家经典，如《尚书》、《论语》、《礼记》、《孔子家语》等，还多次使用儒家经典常用的概念，如"孝"、"悌"、"信"、"义"、"德"、"怨"、"礼"、"法"、"仁恕"等，可知全文虽杂有各家学问，但基本以儒家宗旨为指导。《庭诰》认为人应该追求不朽，而追求不朽首先要有孝慈、悌友的人际关系的保障，此两对概念中以孝与悌为先。"欲求子孝必先慈，将责弟悌务为友。虽孝不待慈，而慈固植孝；悌非期友，而友亦立悌。"这是人对自己所属群体的情感和行为规则。颜延之突破了自古以来一味强调子孝弟悌之责任、忽视自身义务的偏见，提出为父者要先慈，才能培植子女的孝心；为兄者首先应做到对弟弟的友爱，才能期望他人的恭敬。这种以我观物、以物观我的视角，强调自身的主动性，加强了孝悌力行的可行性，使得相互之间的关系更为单纯朴素，合乎人的自然本性。对颜氏家族而言，忠孝、信义、仁恕使他们摆脱世俗孽障，是通向灵性的人生规范。颜延之所持守的孝悌观念，寥寥数语，将父慈、子孝、兄友、弟悌的关系讲得十分透彻。对于儒家修养说是一个大的推进。由孝而悌，由家庭至社会，最终实现个人价值，这是儒家理念。

《庭诰》遵从"靖侯成规"的祖训旨要，教诫子孙勤俭持家："富厚贫薄，事之悬也。以富厚之身，亲贫薄之人，非可一时处。然昔有守之无怨，安之不闷者，盖有理存焉。"颜延之承认人与人之间有富厚贫薄的差别，但更认识到这并不是维系生活安定决定性的因素。他所说的"守之无怨，安之不闷"摈弃了物质束缚，达到精神上的自由充实，诚如子贡富而知礼、颜子安于贫贱的故事。在此处颜延之使用了辩证法来论述这个道理，指出道与义既相互对立，又相辅相成的关系，最后强调无论贫富，皆须遵循自然而不刻意追求的规律。

颜延之还善于以精神追求消解现实困境。同样是对待贫病，他认为消解忧患的最好办法莫若怀古。他举了古代人琴歌于编蓬之中的例子，提倡向古人学习，见识通达就不会忧虑，志意远大则不会怨愤。说的是孔子弟子原宪，曾拒绝孔子给他开的丰厚报酬，甘心为老师服务。孔子逝后，他隐居卫国的深山草泽之中，不肯出仕。住的是简陋棚屋，编结蓬草以为门户，他却不以为然，仍弹琴其中，咏先王之道。据说子贡非常想念他，有一天带着车马去看望他，奢华的排场与原宪的草庐生活形成鲜明对比。子贡原本以为他病了，想接济他，不料原宪并不领情，反说自己没有病，只是无财，而子贡学道不去实践，这才是病。子贡惭愧地走了。颜延之提到原宪的这个故事指出，人凭的是丹石之性，一定不会轻易被诱惑。人怀有道义，做事做人，不应该以贫富为标准衡量，而应以所处的境界高低论处。这反映了颜延之达观、狂放的个性特点。其同贫富、均忧乐的看法，既有先祖颜子的痕迹，又有《庄子》齐物论的色彩，用道家的理论应对现实显示了颜延之灵活、圆通的处事方式。

《庭诰》还提倡屏欲明性，生活俭约。他认为身体欲望是无法填满的沟壑，是令人变得浮躁的浊气，会蒙蔽人的心智，损耗人的真情，需要人自觉抵御。他认为人生在世就应该主动去抵抗欲望之消极面，当自身品德修养到了一定高度，自然会熄灭欲望之火。他在文章中调和当时的种种思想理论，儒道兼采，指出生活简约的重要性。颜延之现实中的确做到这一点了，《宋书》本传记载他一生："居身清约，不营财利，布衣蔬食，独酌郊野，当其为适，傍若无人。"而同时代的王、谢等高门大族子弟游山玩水、穷奢极欲，被后人称为"乌衣子弟"，不出数百年，到唐代，这些家族被写入诗中，"旧时王谢堂前燕，飞入寻常百姓家"。

第三，注重情义。

《庭诰》教子与人相交重视文义。"辅以艺业，会以文辞"就是指交友要结交富有文化气息的人士。与人交往必存信义，如他说："夫信不逆彰，义必幽隐，交赖相尽，明有相照。一面见旨，则情固丘岳；一言中志，则意入渊泉。"有此信念，用以事君，则水火可蹈，必为忠臣；以此交友，则友情必贵于金石。与人相交不能没有娱乐，恰当地利用娱乐有利于交友，本着中庸的原则，不可过分，才能帮助建立与他人的良好关系。对待"抃博蒲塞，会众之事"以及"酒酌之设"，并未完全反对，而是告诫子孙应注意有所节制，不可嗜之成病，并时刻防止失敬致侮。

文章重视情，多处提到"情"。他平等地看待一切人，认为人的欲望性情都无悬殊，即使是对仆役之人也应体察人情，反映了推己及人的儒家思想。他体贴地嘱咐道："若能服温厚而知穿弊之苦，明周之德；厌滋旨而识寡嗛之急，仁恕之功。"等级制度是存在的，但需治理有方。上以仁爱治民，下以赏罚分明。即使是仆婢侍妾，也要以礼相待；即使是身处卑微，也要分得清黑白。礼之道让人与人之间自然变得厚道，而法制讲求苛刻，让人与人之间变得刻薄。《庭诰》教子弟以礼道治人，顺应人之常情，待人宽恕，仍遵循儒家的基本学说。

《庭诰》大致从立家之本、立身之道、修养之方等方面教育颜氏子弟，念念在于葆全生命，维护家族利益，所反映出来的爱国爱家的乡土情结，忧国忧民的思想意识，以孝为本的伦理观念，以礼乐相配的文化理想，以人为本的人文关怀，形成以颜延之为代表的颜氏家族独有的文化体系，对培育中华民族独特的民族精神，构建鲜明的民族性格，以及社会的和谐稳定发挥着无可替代的作用。

（二）忠臣良吏不绝于史

1.良二千石美名扬

颜渊二十三代孙颜敫生二子颜斐、颜盛。此二人政绩卓著，俱为良吏。颜盛之功绩，有"刑清齐右，政偃营区"之赞，表明颜盛为官期间，所辖地区刑罚公正，风气良好。

颜斐，字文林，东汉末年出仕，三国魏时仕至京兆太守，被正史称为"良二千石"。东汉末年关中战乱频仍，董卓之乱后，京兆及其周围地区无人管理，"白骨露于野，千里无鸡鸣。生民百遗一，念之断人肠"等诗句就是这一时期的真实写照。曹操平定马超、韩遂的战争中，中原经济再次遭到破坏，朝廷委派的地方官只顾收敛百姓的赋税，不为百姓作长久之计，致使这一地区经济长期不能恢复，生灵涂炭，民不聊生。

魏文帝黄初（220—226）年间，颜斐被任命为京兆（治长安，今陕西西安市西北）太守。颜斐非常关心民情，初到官任，就命令下属各县修整阡陌，植树桑里，进行了粮田基本设施改造。因为百姓缺少车、牛等劳动工具，生产力低下，颜斐又教导百姓在农闲时收集木材，并聘请专门的工匠教他们制作车辆农具，还教导百姓畜养猪狗，待其长大之后卖出，再用以买来耕牛。这些措施看上去十分繁杂，一开始人们都不愿意听从，后来渐渐跟着实施，果然不出几年，家家有丁车、大牛，生产力得以大大提升，人们的生活逐渐做到自给自足、安居乐业。生活富裕了，颜斐开始注重教化，这种富而教之的治民策略，与颜氏先祖颜渊的政治理想十分接近，也恰恰符合孔子"富之，教之"的理念。颜斐在当地兴起文学之风，对有志读书的吏民，均免除部分徭役以进行鼓励。他还命令百姓交纳租税时，在车上顺便捎两捆干柴，起初人们不知何用，到了冬天，人们才明白过来，这是太守让他们在农闲时学习——冬季笔砚容易上冻，点上柴火可以烤化结冰的笔砚，以方便读书者练字作文。一系列措施下来，当地风化大行，吏不烦民，民不求吏。京兆地区的开明政治与周边冯翊、扶风等郡的荒政形成了鲜明对比，当地百姓越来越热爱这位清正廉洁的良吏了。

他在任十余年间，京兆人民日渐富庶，但颜斐仅仅依靠政府的俸禄生活，从不贪求当地的财富。百姓安居乐业，军民相处融洽，都对他感恩戴德，十分留恋。当他被迁为平原太守后，官民都舍不得他离开，跟随其后相送十余里之外。他死后，京兆地区的人民为他立碑，以致纪念。颜斐当政十余年期间，在当地的政治、经济、农业、商业、军事、文化各领域功绩显著，活着为百姓所挽留，死去受万民之哀悼，后世赞之为"良二千石"，可谓名副其实。清正廉洁，不畏权贵，这是颜氏家风淡泊名利、务实进取方面的实际体现！

2.六朝第一位殉节者——颜见远

六朝时伦理丧尽，世族无忠节之心，似乎已成定论。南朝世族文人多以"勿豫人事"自高身价，如沈约为吏部尚书，"用事十余年，未尝有所荐达，政之得失，唯唯而已"；谢庄为吏部尚书"笑而不与人官"；江总"官陈以来，未尝逢迎一物，干预一事"；周弘让标榜"但愿沐浴尧风，遨游舜日，安服饱食，以送余齿"。这样的世族文人之风日益兴盛，高门子弟享受着高官厚禄，却不屑于履行职责，更可怕的是，他们将这种为官方式当作时尚，自视为清高。士人所重的仅有世禄、羽仪等世俗享受；而对于"节义"之举毫不在意，这不能视作简单的道德滑坡。确实，自东晋至南朝数百年间政权分裂，政由旁出，世事难料，一个鲜活的生命随时可能在战乱或政变中消失，新朝又以无限机遇对士人加以诱惑；同时玄学、佛教等思潮带来思想界的多元化趋势，引导士人对生命的思考走向新的阶段。而在这一系列的朝政变动中，仍能坚持君臣之节，为职守尽心竭力者，实为儒家君子。

颜见远为颜子第三十三代孙，他自幼继承家学，志向高远，性格方正，不同于流俗，曾在南齐萧宝融镇守荆州时为录事参军。后来萧宝融即位于江陵，即历史上所称的齐和帝，任命颜见远为治书侍御史兼中丞，他执法严正，不畏强暴，忠心事主。大将萧衍早就觊觎帝位，逼迫萧宝融下诏禅让，自己篡权。不久萧宝融暴崩，梁武帝萧衍受禅，事情明摆着是萧衍为保住帝位，消除威胁，设计杀害了萧宝融。萧衍的南梁政权建立后，众世族纷纷拥立新皇帝萧衍，毫无愧色。且不说著名的世族代表沈约、范云等人帮助萧衍策划夺取政权，又劝他一不做二不休，杀死萧宝融，自然乐得在新朝政权中继续为官，其他世族大夫也不在话下，如琅琊王氏，每当改朝换代之时，总有人为篡权夺位的皇帝捧玺授绶，把朝政交替看作是"将一家物与一家"。这种现象被后人批作文人无骨，世族堕节。但同样贵为侨姓世族的颜氏，却出了一位节义之士，就是颜见远。萧宝融被害后，颜见远恸哭不已，绝食而死。其忠烈之举，感天地，泣鬼神，集中体现了颜氏家族文化中忠诚炽热的儒家情怀。新登基的梁武帝萧衍倒是一位开明的皇帝，对颜见远的殉死并不深究，只是对朝臣叹息道："我顺应天命人心当上皇帝，与你们这些士大夫有什么关系？谁想到颜见远竟会做出这样的事！"这句轻描淡写的话折射出世人对节义廉耻的漠视，倒正可以反衬颜见远之忠烈刚正、超拔独立。

颜见远之子颜协，因父之志，亦抱定不合作的决心，直到萧绎做了湘东王，征颜协为其府记室参军，颜协不得已，才应命出仕，也仅仅仕于藩王而已。南朝时期，门阀世族往往为了家族利益而背弃忠义道德，而颜见远以身殉国，忠烈之风可嘉。《资治通鉴》称"齐臣以死殉和帝者仅一颜见远"。齐、梁之际，天下始出现殉死前朝之士，颜见远可谓第一位！

3. 颜之仪大义凛然守旧主

南梁末年，江陵被西魏军队攻陷之后，西魏统治者劫掠了江南的大量人才回到长安，被唐代的令狐德棻赞叹为"荆衡杞梓，东南竹箭"，这其中除了众所周知的王褒、庾信等世家子弟外，还有一位值得大书特书的人物就是颜之仪。颜之仪立朝以"谅直无私"见称，对北周的政坛及文化事业贡献极大，其政治气节影响了隋唐以降的许多文人。

颜之仪在萧梁时的入仕时间和起家官职不详。相对于来自建康政治中心的士族而言，偏在江陵的颜氏家族的社会地位较低，文化知名度不高。父亲颜协寿命不长，只活到42岁，死时长子颜之仪17岁，颜之推年仅8岁，只能靠"慈兄鞠养"，这使得颜氏兄弟长成后的政治前途渺茫不通。颜之推曾记叙父亲死后文集尚未整理便遭遇侯景之乱，可知萧协死时大约在539年至544年之间。因为侯景之乱的爆发，萧协的文集毁于战火，不得传于后世，是颜家的一大损失。那时颜氏兄弟二人年纪尚幼，尚未入仕。颜之仪尽管起家官不高，但他清正廉洁，有着高尚的政治情操，这在服膺儒家思想的北朝政权中受到尊崇。

北朝自北魏时就重视文化建设，可惜缺乏人才和文献的支撑。颜之仪在北周，因文学才华被选为麟趾殿学士，麟趾殿学士的主要职能就是刊校经史即专门整理和编辑国家书籍。因他为官恪尽职守、谅直无私，不久就被提拔为司书上士。之后不久又被选为太子侍读。侍从皇帝、太子、皇子读书者，必是精习儒学、情操高尚之人。侍读身份既是师又是臣，大多德高望重，太子需屈礼相待，敬问经义，因而颇受时人礼遇和重视。太子侍读除了侍奉太子、讲授或讲论经义之外，还有一个职责就是劝谏匡弼，以助太子之行。当时围绕在北周太子身边的人如郑译等多奸佞，风气极端不正，而颜之仪却顶风而上，恪守职责，毫不畏惧邪恶势力。当时郑译、刘昉以恩幸当权，操纵朝廷，颜之仪进曰:"古先哲王立诽谤之木，置敢谏之鼓，犹惧不闻过。于义之言，不可罪也。"他敢谏并且坚持己见，毫不畏惧。北周武帝是一个贤明果敢的皇帝，可贵之处就在于明察秋毫，不仅不怪罪他的骤谏固谏，反而予以赞赏，并给予高官显爵。太子赟继承皇位（即北周宣帝）后，颜之仪任御正中大夫，不仅起草诏令、参与决策，还行使监察劝谏的职责。周宣帝的皇后也参与执政，皇后性情乖张偏执，昏庸放纵，颜之仪不顾冒犯君主的威严，常常当面直言规劝，虽然没被采纳，他却从不停止劝谏。长久以来颜之仪成为周宣帝心头的祸患，但宣帝顾及颜之仪曾经做过自己老师的情分，每每都宽恕他。直到有一天皇帝欲杀王轨，颜之仪又一次顽固谏止，皇帝大怒，想连他一起杀掉，后来因为颜之仪为人谅直无私，皇帝最终又放过他了。

颜之仪几番以直谏触怒宣帝而得以豁免，除了"谅直无私"的高尚品格之外，还有一个原因当是其高贵的家族及王朝出身。颜之仪出身于南朝高门世族，世代为官，对于南朝之典章文物十分熟悉，所以即使昏纵残暴如周宣帝者亦不敢轻易加害。颜之仪不仅自己正直无畏，还为其他立朝忠恕之人呐喊助威，并竭力相救。如王轨立朝忠恕，并且曾立下大功，但因小人诋毁而被杀，颜之仪曾为救王轨一再进谏，可惜未能成功。还有一位忠义之士因上疏谏宣帝而获罪，后来靠颜之仪才得救。

北周末年，宣帝驾崩，奸佞刘昉、郑译等人不顾宣帝遗命，阴谋请出杨坚辅政，为将来夺权做准备。颜之仪深知这不是先帝的旨意，拒绝他们的请求，并坚决不予配合。刘昉等人就起草好诏书，逼迫颜之仪在上面署名。面对死亡的威胁，颜之仪仍不为所动，厉声斥责刘昉等说："主上去世，继嗣之子年幼，朝廷大权应该由才能杰出的宗族掌握。现在皇亲之中，赵王年龄最大，无论从血缘上还是从德行上来说，都应该寄以重任。你们备受朝恩，应一心尽忠报国，怎么能一下子就将朝廷大权交给别人！我颜之仪即使一死，也不能欺骗先帝。"颜之仪不惧强权，誓死捍卫周帝利益。刘昉等败类知道颜之仪不会屈服，又不敢对他下毒手，就私下代替颜之仪署名，最后恶行得逞。杨坚当上宰相后亲自向颜之仪索要符玺，颜之仪正色道："这是天子的信物，自有主人，做宰相的凭什么索要？"于是宰相大怒，本想杀掉他，但是因为他在民众中声望很高，只好放了他，但把他贬出京城，到遥远的西疆做郡守。

杨坚后来做了隋朝的开国皇帝，即隋文帝，他对北周的几个大臣评价很有见地。他称刘昉、郑译、卢贲、柳裘、皇甫绩等人为"反覆子"，这些人在周宣帝时以无赖得幸，隋文帝清楚，虽然他们拥戴自己做宰相，但他们在北周不顾忠贞之节，在隋朝同样也没有尽命的诚信。相反他对曾经反对过自己的颜之仪却赞叹有加。隋文帝在立国后再次见到他时称叹道："危难时刻勇于献出自己的生命，面临生死存亡的紧急关头而不改变节操，古人也难做到，用什么来嘉奖你都不为过。"面对强权势力的冲击，颜之仪不为所动，其忠诚报国的决心昭然纸上，不愧为当时最有声望的人。

入隋以后，颜之仪做集州刺史，史载"在州清静，夷夏悦之"，可见他任地方官同样关怀民生，大有政治作为。颜之仪这种仗义执言、精忠报国的信念和力量，不仅得到当时人的称道，更为后来的民族精神注入了澎湃的血液。百年之后颜氏家族涌现的如颜真卿、颜杲卿等颜氏忠臣烈士，不可能是无源之水、无本之木。反过来也证明了颜之仪的血性气节也不可能仅止于当世一代，必将随着时间的发展而长久流传下去。

六朝数百年间，朝代更迭频繁，而怀抱气节殉国而死的义士有几个？在推崇"越名教而任自然"的玄学冲击下，主张忠君孝亲的礼教原则的儒学衰弱殆尽。颜之仪虽离梁赴周，但一旦为北周大臣，便尽心扶持，致力忠孝，既维护了朝廷利益，又保证了稳定的社会秩序，捍卫了儒家治国的基本理念，即忠孝。在南北混战、道德失衡的大背景下，颜之仪能够以忠孝卫士自居，捍卫儒学，实为可贵。《周书》因颜之仪的忠孝行为，把他与尉迟运、王轨、宇文神举、宇文孝伯等北周宗室、忠臣志士列入同一篇传记中，可谓有深意存焉。

隋代的颜师古是颜之推之孙，颜之仪的侄孙，他除了文化事业贡献巨大之外，也曾任过地方官。早在隋代，他就以学以致用著称于世。隋仁寿年间，年纪尚轻的颜师古得到尚书左丞李纲推荐，授职安养县尉。当时的权臣尚书左仆射杨素见师古年纪不大，相貌羸弱，有些不信任他，就委婉劝他说："安养是一个政务繁重的县，你能承担得了这个重任吗？"师古答道："割鸡焉用牛刀！"杨素觉得他的回答很奇特，一心想看看他有什么才能。颜师古到任后，显示了精明强干的能力，处理政务果然迅速果断，一时声名鹊起。但颜师古因年少得志，性情太过骄纵，影响了仕途升迁，在安养任上虽有政绩，但不久便坐事免官，从仁寿年间到唐高祖入关，闲居长安长达十余年不得再任。

4."忠以捐躯颜杲真"

忠君孝悌这一家风对后世影响深远。唐时颜杲卿、颜真

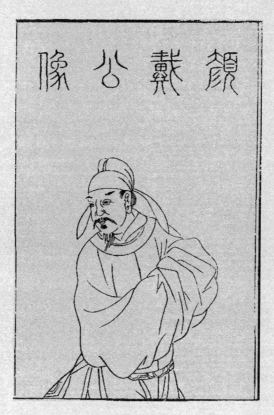

顔師古图像

卿堂兄弟二人，谨奉儒家忠孝之道，在唐王朝由盛转衰之
际，不计个人宦海沉浮，竭忠尽智，最终以身殉国，表现出
了耿介忠臣的崇高品质与坚贞气节。清乾隆帝南巡，途径山
东临沂，游览了明嘉靖年间修建的五贤祠，看到里面供奉
的五个人中有颜真卿、颜杲卿二人，写诗称"忠以捐躯颜杲
真"，就是对兄弟二人的赞誉。

颜杲卿（692—756），字昕，生于京兆万年，祖籍琅玡
临沂（今山东临沂），他是颜之推的五世孙，与颜真卿同为
颜师古的堂曾孙。天宝十四载（755），安史之乱爆发之后，
中原一带重镇纷纷沦陷。颜杲卿与儿子颜季明守常山，颜真
卿守平原，都是前线阵地，他们不像大多数守城长官那样轻
易弃城降敌，而是主动奋起抗敌，激发了十七郡同日共同抗
击叛军，举兵二十万，合力抗敌，局面为之一改。次年，安
禄山叛军围攻常山，抓到颜季明，并以他为人质，逼迫颜杲
卿投降，但颜杲卿不肯屈服，还大骂安禄山，其子颜季明被
残忍地凌迟处死，后来尸骨仅剩下一头一足。不久常山城为
叛军所破，颜杲卿被俘后被押解到洛阳，安禄山责问颜杲卿
说："你原本是个小官吏，我提拔你做了太守，你不感恩于
我，为什么要背叛我？"杲卿义正词严地大骂："我家世代为
唐臣，恪守忠义，即使得到你的推荐而获官，我又怎能跟
你一起反叛朝廷呢？何况，你不过是营州一个放羊的胡奴，

凭借皇上恩宠，以致身兼三镇节度使，皇上哪里亏待了你，而你却要背叛朝廷呢？我为国除奸，怎么叫背叛？"安禄山恼羞成怒，命令手下割掉颜杲卿的舌头，说："看你还能骂吗？"强忍巨痛的颜杲卿仍用含糊不清的声音大骂不止，怀抱着忠义的信念，毫不屈服，直至流尽最后一滴鲜血。同日，颜杲卿的幼子颜诞、侄儿颜诩和袁履谦都被先截去手足、后遭碎剐而死。南宋民族英雄文天祥在《正气歌》中列举了历代以来善养浩然之气的人物，于唐代就取了两位抗敌英烈的著名事迹，"为张睢阳齿，为颜常山舌。"颜常山即颜杲卿，此诗画龙点睛般地刻画了颜杲卿最后英勇就义的形象。颜氏一家三十多条生命在安史之乱中表现了忠君爱国的精神，为维护国家的统一，反对分裂作出了极大的贡献。

颜真卿（709—785），字清臣，别号应方，是唐代伟大杰出的政治家、书法家、文学家。颜真卿出生于京兆万年县敦化坊颜氏祖宅，出生第二年，父亲早逝，颜真卿兄妹十人随母亲殷氏投靠舅父殷践猷。殷践猷是一位博学之士，开元初年参与朝廷整理图书事业，给予颜真卿早期教育的启蒙。陈郡殷氏，是西汉北地太守殷续之后，六朝以来著名的文化世家大族。颜、殷两大家族七世联姻，家学家风互染。母亲殷氏是颜真卿的第一位老师，她出身于陈郡名门望族，有较高的文化素养，她不仅精心鞠养颜真卿兄弟数人，还秉承颜、殷两家的家教传统，严格督学，甚得颜氏家风之质。

少年颜真卿在家风熏染之下，自幼接受祖德流芳，心中播下了学行兼善的种子。他在长安福山寺读书，后来参加京兆府府试，成绩优异，被推举参加科试，并一举中第，为开元二十三年甲科进士。26岁娶太子中舍人韦迪之女为妻，通过与京兆韦氏的联姻进一步加强了与当时政治的联系。28岁通过吏部铨选，擢拔萃科，从此进入仕途。吏部选官注重身、言、书、判，"书"需楷法道美；"判"需文理优长，两者合格后再察其"身"、"言"；"身"必体貌丰伟，"言"须言辞辩正。四者合格，再经注、唱，由吏部反复审核才可授官，由此可见颜真卿相貌堂堂、才能出众。

颜真卿对先祖充满了崇敬与缅怀之情，他曾亲撰《颜氏家庙碑》，对先祖及近世诸贤称颂有加。他还撰写过曾祖父颜勤礼、祖父颜昭甫、父亲颜惟贞、伯父颜元孙、姑母颜真定等多位本族先人的碑铭墓志，书法堪称一流，文笔肃穆庄重，同时为家族留下了丰富的历史资料。颜真卿对族中子弟也十分关心，相传他写下《劝学》一诗："三更灯火五更鸡，正是男儿读书时。黑发不知勤学早，白首方悔读书迟。"勉励年轻人发奋苦读，人在年轻时不知道读书学习务必要抓紧一切时间，总觉得时间还多着呢，一旦到了白发苍苍之时，再后悔自己读书少了，一切都已经太迟了！这首著名的励志

直道清忠玉堂之寶
大嶽巍君喪我元老

顔真卿

顔真卿像

诗家喻户晓，自古至今不知道激励了多少人！

观颜真卿的历史贡献，首先表现在其政治作为上。在他近五十年的仕宦生涯里，颜真卿为官勤谨，忠贞刚烈，历仕玄宗、肃宗、代宗、德宗四朝，恪守儒家忠孝之道，身先士卒，慷慨赴难，为唐王朝献出了生命，是颜氏家族史上又一位忠臣义士。

颜真卿曾先后四次被任命为监察御史。有一次任职河西陇左，五原地方有桩冤狱，长年不能得到公正判决，颜真卿在数日之内果断裁决，使大批蒙冤百姓洗清了冤屈，时正值大旱，冤狱断完后，恰好天降甘霖，当地人惊呼为"御史雨"。

他还曾任平原太守，为官期间他清正廉洁，倡导孝义名节，访求人才加以重用，世称"颜平原"。正当平原郡百姓在颜真卿的治理下生活日益安定富足之时，安禄山、史思明觊觎中原已久，正酝酿着一场惊天动地的叛乱。颜真卿敏锐地觉察到安禄山的阴谋，一面托辞防汛，实则修筑城墙、浚清渠道，储备粮草，补充军备，暗中布防；另一面整日与宾客泛舟饮酒，以避免安禄山起疑心。而这个时候河北诸郡却真的歌舞升平，疏于防范，当天宝十四载（755）十一月安史之乱爆发之时，各地毫无反抗之力，安史叛军一日千里，直接威胁京城长安。在此危急时刻，颜

颜氏家庙碑拓本局部

真卿联合从兄常山太守颜杲卿一起高举义旗抵抗叛军，以其义勇感染了附近各郡，颜真卿被推为盟主，十七郡举兵二十万，奋起抗敌，于堂邑大败叛军，取得"安史之乱"以来唐军的第一次胜利，极大地鼓舞了军民抗击叛军的信心。远在长安的唐玄宗起初听到安禄山反叛的消息，曾叹道："河北二十四个郡，就没有一个忠臣吗？"等到传来颜真卿的消息，玄宗大喜，对左右群臣说："我以前不了解颜真卿，没想到他做事竟这样出色！"在这场保家卫国的战争中，颜氏家族损失极为惨重，一门三十余人皆身殉国难。

安史之乱后，颜真卿因平原战功屡被升迁，他恪尽职守，举察不分亲疏，弹劾不避权贵，其刚正、耿介之性格为奸佞之辈所不容，遭宰相崔圆排挤，被贬外任同州刺史，又辗转到蒲州、饶州、昇州等各地任职。代宗广德二年（763），颜真卿迁刑部尚书，续兼御史大夫元朔方宣慰使，晋封鲁郡开国公，后世因尊称为"颜鲁公"。大历元年（766）因奸臣诽谤，竟由刑部尚书任上被贬为吉州司马。正值中年有为之时，却屡遭贬谪，颜真卿在外流寓十一二年，为政一方，政绩斐然，佳誉载道。郡中百姓十分爱戴他，并为他立碑颂德。大历十二年（777），颜真卿奉诏入京，又一次进入朝廷中央，但仍以刚直不屈难容于世。

德宗建中三年（782），淮西都统李希烈与淄青节度使李纳勾结谋反，一度威胁洛阳。宰相卢杞因嫉恨颜真卿，早就存心陷害于他，趁机上奏皇帝唐德宗，派颜真卿前去劝说李希烈，实是让他去送死。昏聩的德宗受到挑唆，果真命颜真卿赴李希烈部劝谕。颜真卿先晓逆贼以大义，但李希烈根本不听，颜真卿自知难以生还，便从容自撰书遗表、墓志、祭文，最终被缢杀身亡，谱写了一曲感天动地的烈士赞歌。得知颜真卿殉难，德宗痛悼异常，连续5天没有上朝，后下诏书称扬他："才优匡国，忠至灭身。"

颜真卿，天生具备伟岸之资，为官公正忠诚，情操坚贞一志，在贼臣扰乱、国家危难之时，忠直刚毅，死而不挠，虽死犹生。颜真卿为四朝旧臣，名重海内，以身殉国，其慷慨赴难的英雄气概，将家族文化推向了一个新的高峰。他的忠烈之举也换来了后代的荣耀，颜真卿之子颜頵、颜硕得以超授官秩，曾孙弘式为同州参军。颜真卿生活的时代，正值李唐王朝由盛转衰之际，江河日下之时方可见识忠臣义士的忠贞情怀。他忠烈刚直的政治品格，是多灾多难的时代使然，更是由家风造就。

为纪念颜真卿、颜杲卿，颜氏后裔在他们的祖籍地或游宦之处，建置多处鲁公庙或与颜杲卿同祀的双忠祠，供后人瞻仰祭拜。

5. 抗清英烈颜胤绍

南宋末年，元军包围潭州，湖南茶陵的颜氏后裔颜应
焱，看到城池陷落，誓不为亡国奴，赴火而死，后世称其有
忠臣之节。明代末年在北方乱世中，颜氏又出现一位自焚殉
国的英烈即颜胤绍。

颜胤绍，字永允，别字赓明，是复圣颜子第六十五代孙。
他自幼勤奋好学，于明崇祯四年中进士。崇祯十五年秋冬之
际，清兵大举入关，直逼河间。崇祯帝召命颜胤绍为河间知
府，在前阵抗击清兵。河间本就连年饥荒，加上强盗横行，
民生艰苦，又遇上清兵入侵，形势岌岌可危。颜胤绍临危受
难，与参议赵珽、同知姚汝明、知县陈三接等反复商讨策略，
决意顶住压力，招募士兵，一边抓紧练武，一边派人加固城
池，准备坚守河间。但毕竟时间紧急，敌我力量悬殊，胤绍
料定城池迟早会被攻破，事先将家中女眷及婢女等关到同一
间屋子中，告知她们必死的决心，同时命人在屋子周围堆积
了几重干柴，做好决一死战的准备。他将年仅 6 岁的幼子伯
珣托付给一位女仆，转身便又一次投入到前线中去。女仆最
初不知缘由，也想闯进女主人们待的屋子里去，后被颜胤绍
的庶母推出房门。河间城头，颜胤绍镇定地指挥军队守卫城
墙。无奈最终城破，他欲哭无泪，匆匆赶回官舍，亲手点燃

了柴火，聚集了家中亲眷的房屋顿时燃起了大火，颜胤绍整理了一下衣冠，向着都城所在的北方拜了两拜，纵身跃入火中与亲人们一同壮烈殉节。年幼的伯珣不知就里，待父亲赶回家时，他牵着父亲的衣襟不肯撒手，父亲赴火之际，幸有仆人将他拉了回来，后来救他的仆人被清兵所杀，小伯珣从此流落民间。

国难当头，颜胤绍不肯苟活，举家捐躯赴难的义行，令人叹惋，其事迹被后人列入《明史》"忠义传"中。明末抗清将士，敢于舍生抗敌者固然数不胜数，与妻妾、父母一同殉国的官员也不在少数，但像颜胤绍这样沉着应战又冷静赴死的情形，确实少有！

颜胤绍有子三人，其中长子颜伯璟，字士莹，身材魁伟，相貌俊秀，性情坦率，平易近人，遵循忠孝节义之礼，反对沽名钓誉。他常说："当今世事危急，如火之燎原，快要燃烧到自家房门了，而堂上的燕雀不知安危，我可不能像它一样。"父亲在河间殉难之时，他与弟弟颜伯玠还在兖州老家生活，信息不通，他们不知道父亲等人已经殉难。后来兖州沦陷，二人乘着混乱，相携登上城墙外逃。颜伯璟身体较胖，行动不便，让弟弟先走，说："你快去河间，父亲生死未卜，我俩不能一起死。"伯玠不愿离开，伯璟就从城墙上跳下去，正在这时，清兵追上来，伯玠中箭而亡。颜伯璟幸得活命，腿部致残，被清兵所掳，押送到主帅处，主帅见他相貌不凡，问其家世，并告诉他河间已经沦陷。颜伯璟得知父亲噩耗，失声痛哭，请求主帅让他前往寻求父亲遗骸，主帅被他的至孝感动，释放了他。颜伯璟拖着一条残腿，一路蹒跚赶路，历尽艰辛，辗转来到河间，强忍悲痛，在原河间府官舍中寻找到父亲等亲人的遗骸，想尽各种办法，运载回曲阜并归葬于祖坟。他得知幼弟伯珣侥幸得脱，便在民间求访，历经千辛万苦，终于找到了幼弟。兄弟相聚之后，同居 30 年，彼此敬重，极其友爱。颜伯璟死后，乡人谥称为"孝靖"先生。颜伯璟的夫人朱淑人也是一位节义烈女，当兖州被攻破时为清兵所虏，她因不肯屈服被清兵砍伤手臂，仍骂不绝口，后昏死于道旁，4 天之后才清醒过来，这才有了"一母三进士"的后话。

6. 外徙后裔多清官

晚唐五代，天下动荡不安，原聚集在长安的颜氏后裔逐渐四散迁徙，除了迁回曲阜的一支以外，还有一些支系迁往建康及临沂，或者居官南迁，分布于今福建、广东、台湾等地。这些后裔也多能持守清白家风，出过许多造福于百姓的清官。如宋代颜慥卜居于岐山，为福建青礁颜氏的开基祖，

福建青礁颜慥公祠

他的子孙出过一些名人，如颜师鲁及其孙辈颜耆仲、颜颐仲、颜振仲等，学问上堪称儒学大家，为官俱为良吏。

颜师鲁为南宋大臣，他自幼性情庄重若成人，秉承家教，天性孝友。他最初为官，做的是番禺主簿。父亲病逝后，他为了回家乡归葬父亲，扶灵柩在大海上航行，水路走了数千里，刚登上岸，不多时海上飓风大作，人人都以为是他的至孝感动上天。他常说："穷达自有定分，枉道希世，徒丧所守。"这表明了他固守大节，即使与世俗之人不合，也不会轻易改变，最终可以赢得众人的信服。颜师鲁孝于家，友于朋，忠于君，是位典型的清官。他外任浙西时，当地百姓劳作一年，收获多为豪强掠夺，因而交不上租赋，地方官不管青红皂白，对农民以盗种的罪名加以惩处。颜师鲁巡视至此，上书皇帝提议核实农民租赋数额，放宽期限，打击豪强，百姓终于可以安居乐业。浙西盐税收入高，但历任官府多欠盐主本钱不还，造成民间盐贩走私猖獗，屡禁不止。颜师鲁到任后，节省地方开支，偿还欠款，经过整顿，不仅官府税收得到提高，当地百姓的生活也大大改善了。他还在福清为官，鼓励农耕，歉年则开仓济民，还留心教育，改善交通，受到百姓的赞誉。颜颐仲曾任泉州知府，以秘阁修撰兼福建提刑，任内减商税、除盗贼、养孤老，他认为："民以食为本，食以农为本，农以水利为急。"在桃花渡至定海县一带，浚治河道，修闸建桥，百姓深受其利，称之为"颜公渠"。颜氏后裔大多为官清廉，刚直不阿，有的为政以德，爱民如子；有的立学筑路，兴修水利，造福一方。无论迁徙何地，颜氏家族世代保持忠孝节义风操，居家孝悌，处事忠厚，种种政绩学功实为良好家风熏染而致。

（三）学者硕儒世闻其名

1. 以学正俗的颜师古

隋唐颜氏家族聚居地主要集中在京兆地区，其中出现了两位伟大的历史文化名人：颜师古与颜真卿，他们如两颗明星，辉耀万代，形成颜氏家族文化史上双峰并峙的奇观。

颜师古（581—645），名籀，以字行，是初唐杰出的经学家、史学家和文献训诂学家。他的成就是建立在其丰厚的家学基础之上的。史载他"少承家学，博览群籍，尤精训诂，善于为文"。颜师古幼年时，祖父颜之推与陆法言等论定音韵，对于音韵学建树卓著，这种幼年经历对他后来的治学有着深刻影响。师古父亲颜思鲁，史称博学，尤工训诂，武德初年为秦王李世民的记室参军，相当于军事秘书。师古叔父颜愍楚也有学问，著有《证俗音略》一卷，叔父颜游秦尤精于《汉书》研究，撰有《汉书决疑》十二卷，为学者所称。

隋大业十三年（617），太原留守李渊起兵入关，颜师古兄弟跟随父亲至同州朝邑长春宫谒见李渊，被授予朝散大夫之职。次年，李渊称帝建立唐王朝，拜颜师古为敦煌公府文学，再迁中书舍人，掌管国家机密，专门代皇帝撰写诏敕，著称"大手笔"。颜师古勤于政事，又擅长文辞，其所拟制诰册奏工整美好，其文才无人可以与之相媲美。

颜师古虽受到唐高祖重用，但在太宗朝却遭到免官，又过了多年才又得到任用，受秘书监魏征举荐，与他人一起撰修隋史。历时七年，《隋书》修成，纪传部分主要出自颜师古与孔颖达二人之手。贞观四年，唐太宗认为现世流传的经籍去圣久远，文字讹谬较多，诏命颜师古于秘书省考定五经，着手进行五经版本的统一和整理。自汉武帝"独尊儒术"以来，至魏晋南北朝，天下多变，五经文字从未刊定过，经学呈各种变异形态。官学体制尚不稳定，时开时停，各有师承，因袭旧说，在流传过程中以讹传讹，纷繁复杂，令读书人无所适从。颜师古潜心于此，利用秘书省珍藏的大量经籍图书，以晋、南朝宋以来古今本为依据，悉心加以校正。对经书多所考证并加以厘清，完成了五经版本与文字的大规模清理，选校了《周易》、《尚书》、《毛诗》、《礼记》和

《左传》五种为"五经定本"，并呈献给唐太宗。太宗当即命众多儒生重加详议。因为五经文字讹谬流传已久，诸儒也不能辨别正伪，对颜师古所定五经指责者甚多。后由左仆射房玄龄出面组织众多文臣再加审议，由颜师古答疑辩论，句句都有依据，字字出于精审，听者无不信服，颜师古因此被授通直郎、散骑常侍，得到了应有的尊重。贞观七年，"五经定本"得以颁布天下，成为中央官学至地方州县各级学校的标准教科书，直至宋代数百年间，士人谨守，无有异议，实赖颜师古一人之力。

颜师古在秘书省任职期间，发生了一件影响其仕进前途的事情，他"抑素流，先贵势，虽富商大贾，亦引进之"。这一做法违反唐代选官用人的制度，被时人认为"纳贿"，被贬为郴州刺史。赴任前，太宗怜惜其才华，不忍心让他远离，就严厉责备他之后，仍留他做秘书少监。这件事对颜师古的打击是巨大的，他虽仍任职秘书监，但从此闭门守静，杜绝宾客，专心治学。也正是在这段时期，颜师古奉诏与长孙无忌、房玄龄、魏征、李百药、令狐德棻等一起撰定《五礼》，即《大唐新礼》，此作后成为大唐重要的仪礼典制文献。贞观十一年，《五礼》撰成奏上，颜师古因晋封为子爵。贞观十四年（640），唐太宗认为儒学多门、章句繁杂，下令让孔颖达等在五经定本基础上撰修《五经义疏》，颜师古也参与了此盛举，负责修撰《周易正义》一书，创成了经学史上的一大成就。

如果说前边所提及的这些著述是颜师古参与团队取得的成果，那么颜师古奉太子承乾之命注《汉书》就是他的独立著述了。颜师古祖上本就对《汉书》研究早有渊源，这次他在广泛汲取前人成果的基础上，多有创新，解释翔实明晰，深受时人称许，为学者所重。《汉书》所作的全新注解超越了先前，取得卓越的成就，主要体现在以下四点：第一，博采众长，取舍有方。唐以前《汉书》注本较多，最重要的注本有五种。清人王先谦说："颜监以前注本五种：服虔、应劭、晋灼、臣瓒、蔡谟也。"颜注总结了前代注书的规律，取长补短，客观真实地揭示诸种注本的发展线索，杜绝后人认识上的分歧。后人还可以从其引用和修正中找出《汉书》注的发展规律，这对于《汉书》研究史有着重要的参考价值。第二，对字词句进行训释，主要是注音、解词、辨析古今字。《汉书》本用许多古字、古义，自书成之后就较为难读，及至唐代初年更有古今之隔。读音难考，虽有众家注音，但仍存在很多问题，况且成书日久，读音发生了很多变化，因此亟须再注。颜师古在注音解词的基础上，更加以串讲语句，疏通文句，指出词句由何演化而来。第三，订正《汉书》在流传过程中产生的讹语脱漏，恢复《汉书》的原貌，有助于读者了解原文。"不妄下雌黄"，指出讹误，并阐明理由，而不轻易改动，意在"归其真正"，避免新的"以意刊改"，不仅保持了《汉书》原貌，还为以后的校勘树立了典范。第四，补充阐释了大量相关文化知识，阐明由于时代的推移所出现的语音、词义的变化，以及名物、典制、史实的不同等问题。实际上就是对秦汉文化的介绍说明，对正文史料起到了补充阐释的作用，进而成为后世了解秦汉社会生活真实情况的重要线索。这些翔实科学的工作使得颜氏的《汉书》注本成为《汉书》最重要的注本之一。

颜师古注《汉书》表面看是其一人之力，实则是借助了其家族的力量完成的。首先，在他之前，颜氏家族有数人对《汉书》用力颇多。其祖父颜之推就是一个训诂学大师，《颜氏家训·音辞篇》，为当时人解难答疑，留下了许多宝贵的经验。其父颜思鲁，工训诂，两位叔父颜愍楚与颜游秦都精于《汉书》研究，留下过相关著述，这些都为颜师古所用，融会到《汉书注》中来。其次，颜注《汉书》的科学态度亦来自其好学博物的家族学风之浸润。《汉书注》内容丰富，而且引据确凿，坚持客观科学的标准。据他说，他考究过《尚书》，旁究《仓颉》、《尔雅》等古字书，每个字词都有依据，绝不会主观臆断。颜氏治学偏重小学，对文字训诂功夫尤其强调。他的祖父颜之推在《颜氏家训·勉学篇》中

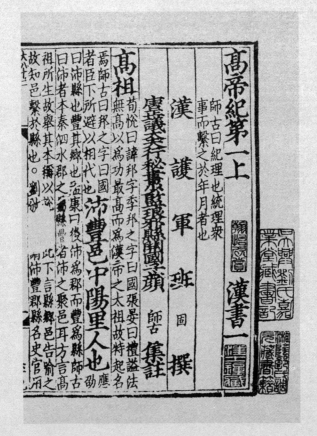

《汉书》颜师古注书影

宋嘉定十七年白鹭洲书院刻本

说："夫文字者，坟籍根本。"并提出当世之学徒，大多不通晓文字学，如研读《五经》的人，只肯定作《五经音训》的徐邈而否定许慎之《说文解字》；学习赋诵的人，往往信服褚诠的《百赋音》而忽视写作《字林》的吕忱；晓《史记》的人，专攻徐野民、邹诞生之音义而废弃史籀的大篆和李斯的小篆；学《汉书》的人，喜欢应劭、苏林的著述而忽略《三苍》、《尔雅》等古字书。他们不知道字的读音是经文的枝枝叶叶，文字才是经文的根本。以至于见到服虔、张揖等人有关音义的著作就觉得宝贵，得到服虔的《通俗文》与张揖的《广雅》却不屑一顾。颜之推对当时人的学风进行了针对性的批判，从中不难看出他广博的知识背景和严谨的治学态度，这对颜师古的指导是非常显见的。最后，颜注《汉书》在审定音读、诠释字义方面用功最多，成绩最大，解释详明，这也与颜氏家族家学擅长审音考字有关。据颜之推说，颜氏儿女早在孩稚阶段，家长就注意逐渐纠正字词的使用错误，子女如果出现错失，家长就认为是自己的罪过，见到的器物，如果未经考查，不敢擅自命名。长久以来的家学熏陶促成了颜师古在小学上的卓越成就。

颜师古的《汉书注》一出，当世即有"杜征南（杜预）、颜秘书（颜师古）为左丘明、班孟坚忠臣"之称誉，人们将他注《汉书》的成就与杜预注《左氏春秋》相提并论。

颜师古博学多识，著述众多，除了上述所提及的国家大典之外，还有《匡谬正俗》、《急就章注》，皆为语言文字学方面的专著，训释与考据都颇为精当。此二书加上《颜氏字样》，承祖先之余绪，开启了三唐治学之门户，作为唐代正字学的先驱者而永垂史册。

颜师古死后，葬回原籍（今苍山县卞庄镇芦柞村），谥曰"戴"，后世称他为"戴公"。唐太宗御旨建造祠堂一座，并御笔亲题"敦煌公师古祠"门匾。

2.为举子编写教材的颜元孙

颜元孙，字聿修，京兆万年人，为颜真卿的叔父颜昭甫之子，即颜真卿之堂兄。他幼年便有俊才，据说他10岁那年曾去叔父颜敬仲府上，恰逢李唐宗室长史李孝逸也在府上。李孝逸得知元孙人小名气大，特意召见他。时值晚春，院子里石榴花开得火红，李孝逸有心考一下颜元孙，便当着众多客人之面让他作《石榴赋》。小小年纪的颜元孙不慌不忙，静心思考，叔父见他默不作声，以为他犯难，不由替他捏了一把汗。但见他不一会儿便索笔墨，一气呵成，一字未改，呈交上来，李孝逸及座中人读罢皆大惊。颜元孙少时靠其舅父殷仲容抚育，仲容的书法为天下所宗，经常有人请他写字，得之者视若珍宝。有时殷仲容忙不过来就让元孙代为书写，得到字的人欣喜若狂，根本不能辨别是年少的颜元孙代笔。

颜元孙编订《干禄字书》一书，令他留名青史。此书是专为参加科举考试的人准备的，选取常用字楷书 1599 字，以平、上、去、入四声的次序排列，其中大部分的字，又分别标出正体、通体、俗体三种写法，对某些形近、音近的字作了区别。这本书的编订不仅需要查考相当多的典籍资料，而且要求编者具备极高的文字学造诣。因字法与当时科举考试求取功名关系甚大，所以《干禄字书》影响深远，颜元孙也被后世尊为正字学的始祖。颜元孙在鉴定文物方面也有着突出的才华，唐玄宗曾拿出众多书家的书迹几十卷让颜元孙判别真伪，元孙逐一辨析，毫无差错，受到玄宗赞赏。

3.隐居凫绎亦心系时事

宋代的颜太初是一位隐士，系颜子第四十八代嫡长孙，字醇之，曾隐居于凫、绎二山之间，因自号"凫绎先生"，世称凫绎处士。太初年少时就博学有才华，喜爱写诗作文，好读先王之书。他不是读死书，还探求书中的真理，并积极将之应用于自身行为上，努力将先王治理之道发扬光大。他

认为，如果不推广古代先贤的治国方略，那么先王之道就会
湮灭无闻。他还主张关注民间风俗得失，利用写诗著文的方
式加以宣扬，以求闻于执政者。

景祐初年，山东士大夫们纷纷效法嵇康、阮籍之为人，
以荒淫放荡为事。如范讽，性情旷达，豪放不羁，目无古
礼，在他身边聚集了家乡的一些名人隐士，时常饮酒欢聚，
时号"东州逸党"。颜太初认为这是败坏风俗的本源，作《东
州逸党诗》来进行讽刺。诗中所谓东州，指北宋前期行政区
划上的京东路诸州、军、监。《宋史·颜太初本传》亦载：
"山东人范讽、石延年、刘潜之徒喜豪放剧饮，不循礼法，
后生多慕之，太初作《东州逸党》诗。"从中可了解颜太初
在宋初对待这一特殊文化现象的态度，可以说"东州逸党"
闻名天下与颜太初此诗有极大关系，可见他对于此事的重要
性。他在诗中指斥当时的不良风气，极尽讥讽之语气："东
州有逸党，尊大自相推。号曰方外交，荡然绝四维。六籍被
诋诃，三皇遭毁訾。坑儒愚黔首，快哉秦李斯。与世立宪
度，迂哉鲁先师。流宕终忘反，恶闻有民彝。或为童牧饮，
垂髫以相嬉。或作概量歌，无非市井辞。或作薤露唱，发声
令人悲。或称重气义，金帛不为赀。或曰外形骸，顶踵了无
丝。"诗歌详细描摹东州逸党人的作为、主张，一针见血地
道破其虚伪面目，言语之间透露出一位儒士对违礼乱儒之风

的深恶痛绝。颜太初对东州逸党的评论果然起到了极大的时评影响，得到当时皇帝宋仁宗的认同，并对当地的青州牧进行治罪。司马光在颜太初死后专门为他整理了文集《颜太初杂文》，并作序文以纪念。他感慨道，天下人很久都不崇尚儒学了。现在有些人自称为儒，他们懂什么是真儒吗？高冠博带，身穿广袂之衣，就是儒者吗？终日埋头于故纸堆里呻吟不息，皓首穷经，就算儒者吗？还有的仅凭点墨，写一点堆砌辞藻的文章，也远非真儒。他称道的是颜太初那样善读先王之书，不仅求得其中的道理，还能蹈而行之的做法。

颜太初有文集十卷及《淳曜联英》传世，以其辛辣的文化时评闻名于世，对当时的文化予以针砭起到了纠偏反正的作用。宋代文豪司马光高度评价了颜太初的作品，认为他的诗作可以给后人以鉴戒，可以保持古已有之的基本礼义不坏；他所写的哭友人诗，可以让酷吏感到惭愧；他在各地留下的题名记，当地官吏读后都自觉避免弊政。总之，司马光认为颜太初做过的事业有重要意义。

4."天下之有德者"颜复

颜复（1034—1090），字长道，为颜太初长子，系复圣四十九代嫡长孙。嘉祐中，颜复因父颜太初事迹被作为遗逸推举。嘉祐六年参加中书考试，参试者有 22 人，考官欧阳修，奏颜复所上策言为第一，成绩遥遥领先，后来被赐进士。宋熙宁年间任国子监直讲，相当于现在著名大学的教授。那时正值王安石实施变法，改革科举制度，废除以诗赋词章取士的旧制，恢复以《春秋》三传明经取士，选拔人才，完全出于一己之意，一考定其优劣。颜复等五人对此做法不满，纷纷表示反对，可能因此受到排挤。元祐初重新被起用，召为太常博士。颜复仍积极参与国家大事，建言倡导恢复士民礼制，还主张考正祀典，制定祭祀仪礼，为后世效法，同时主张取缔一切歪门邪道的祭祀方式，坚决维护礼教尊严。

元祐初年，孔子第四十六代孙朝议大夫孔宗翰请尊奉孔子祠，上书言："孔子后袭封疏爵，本为侍祠，今乃兼领他官，不在故郡，请自今袭封者，无兼他职，终身使在乡里。"朝廷同意了他的请示，专门派人给予支持，还设立学校以教育圣贤后裔子孙，圣人袭封者得以专主祠事，又增赐田百顷，供祭祀之用，余者可以接济族中人。太常博士颜复在此基础上上书论对圣贤之后的尊崇，谈论了五个方面，分别是"专其祠飨，优其田禄，蠲其庙干，司其法则，训其子孙"。朝廷采纳了他的建议，孔子后裔进一步得到优遇。

颜复还曾建议选择经行之儒，补诸县教官。元祐四年，拜中书舍人兼国子监祭酒。他主张，凡学者考其志业，不由教官荐，不得与贡举、升太学，在教育史上有着独到的见解。可惜颜复未及实现自己的主张，活到 57 岁因病死去。颜复爱好文艺，尤喜为诗，与北宋大文豪苏轼、苏辙等交往密切。陈师道为他的诗集写序，评价他"仁不至于不怨，义不至于多怨，天下之有德者"。

5. 躬行实践的颜钧与颜元

《颜氏家训》的务实精神在家族内部影响深远，对颜氏外迁的分支派别也有积极影响，颜氏家族中出现了一批勇于实践的先驱人物，如晚明泰州学派代表人物颜钧和清初儒者颜元。

颜钧（1504—1596），字子和，号山农，又号耕樵，明代江西吉安府永新（今江西永新）人，他创立了一套独特的大中哲学思想体系，成为泰州学派的重要代表人物。颜钧早年通过创建"萃和会"这种民间的化俗实践传播儒家的孝悌仁义等纲常教义将儒学理论简易化、平民化，由当下的生活去理解儒学。其后他以布衣而兴出位之思，提出"运世造命"的社会改造理想，周游天下，四方讲学，极大地改变了儒者坐而论道的惯常作风，促进了儒学进一步走向民间和通俗化。颜钧在儒家思想的宣传、儒家理念的实践和儒家经典的解读等方面，都与儒家的传统方式有异，在时人眼中，他的改革近似非毁名教人伦的"异端"。实际上颜钧哲学思想的基调是儒家的，他是一个儒家价值理念的倡导者和名教秩序的维护者。

颜元（1635—1704），字易直，直隶博野（今河北安国县东北）人，清初著名思想家、教育家。他致力于经世致用之学，身体力行地担负起以实学教育挽救民族危亡的历史重任。颜元早年习医，还学过道家神仙术，喜读兵书，并学剑术。二十多岁始读陆九渊、王阳明的语录，遂成为陆王的信徒。两年后，他接触到周、程、张、朱的思想，便改宗程朱理学。后来他反思程朱理学，提倡恢复"周孔正学"，即所谓"实学"，并撰写著作，为人指导孝道及官德。除了经史礼乐等知识以外，他倡导学习自然科技知识、军事知识和技能，提倡"实文、实行、实体、实用"的经世致用之学。这是为传统教育开创的一条崭新的思路，是一个全新的观念，把经史传统之学与天文、地理、象数、军事、水利、工程等实用学术结合起来，注重实践与实习，培养的是经世致用的人才。颜元宣称："宁作真白丁，不作假秀才。"拒绝通过捷径取得功名，他寒窗苦读，终于考中秀才。颜元深刻认识到以八股取士的科举制度是"学非所用，用非所学"，于国于

清代思想家颜元像

私危害极大。

颜元一生主要在家乡著书立说，讲学授徒，完全以个人的精神魅力感召了世人。他晚年曾受聘主持漳南书院（在今河北肥乡县），他的教育理论得以实践。不只是在理论上有创新，在教育方法上他亦有开创，即在实际活动和劳动中学习，这样学习一方面使人身体壮健、筋骨强固；另一方面又可以增进精神的健康，可称之为古代的素质教育典范。他的学说得到众人的追随，其中河北李塨得其精髓，后人有"颜李学派"之称。

颜氏历代训诫子弟的文章著述，都曾或多或少地介绍和宣传先祖颜渊的高尚品德，特别是《颜氏家训》、《颜氏家诫》及各地《颜氏族谱》，都要求和教诫颜氏子孙在家遵守祖训，牢记孝悌忠信，注重学问修养，在外则忠于国事，坚守节操。受此家风熏陶的颜氏子孙确实历代硕儒继世、忠臣辈出。

（四）文学书艺光耀千秋

颜氏家族在文学、书法、音乐、雕塑等许多领域都出现过诸多名家，特别是南朝宋的颜延之文学引领风骚，为元嘉三大家之一，唐朝的颜真卿在书法上独创颜体，人书俱伟，无人不晓。

1. 文学大家颜延之

文学是六朝士族文化能力的核心要素和直观体现，文学才能成为衡量士人才学的标准之一，颜氏文学成就最高者首推南朝宋时的颜延之，他的诗文创作引领刘宋文坛风气之先，时论多有称颂，如《宋书·谢灵运传论》："爰逮宋氏，颜、谢腾声。"钟嵘《诗品·序》："谢客为元嘉之雄，颜延年为辅。"裴子野《雕虫论》："爰及江左，称彼颜谢。"文学史上常常将颜延之、谢灵运与鲍照三人合称为"元嘉三大家"，在此三大家中，颜延之是刘宋文坛中最有代表意义的文学家。

颜延之在青少年时期抱有一颗积极奋进的心。"延之少孤贫，居负郭，室巷甚陋。好读书，无所不览，文章之美，冠绝当时。"家道的衰落、物质的贫乏，这些并不足以抹杀一个先秦以来文化传承有素的家族的声誉。颜延之在困顿中坚持读书作文的行为就印证了东晋南朝士族特有的文化气息。

东晋末年，风云换代之际，颜延之才华崭露头角，先以诗才见称世人，又以儒学取得帝王之信。诗才和辩才显示儒家子弟的两大功夫，是为颜延之仕途上的第一次上升。颜延之身处建康（今江苏南京），涉足政坛中心，才华出众，进入以庐陵王刘义真为中心的文学创作中心。刘义真为宋武帝刘裕的次子。刘裕长子刘义符，即位为宋少帝，因年少无德，被顾命大臣废黜，按照次序，帝位应传至刘义真，这对于颜延之的仕途仿佛是极为有利的。但世事难料，正当颜延之青云直上时，却又遭逢政治风云，成为政治斗争的牺牲品，权要傅亮、徐羡之等人为扶持所拥戴的义都王刘义隆，废庐陵王刘义真为庶人，并杀之，连同刘义真的辅翼也一并挫其锐气。颜延之被黜官，迁出为始安太守。友人深识其中缘由，纷纷抱以不平。领军将军谢晦评论说："西晋时的荀勖忌恨阮咸，斥阮咸为始平郡，现在你又为始安太守，你与阮咸际遇相似，可谓'二始。'"颜延之由京都出发，前往僻远的始安郡（今广西桂林），赴任途中在浔阳（今江西九江）寻访旧友陶渊明，饮酒畅聊，加深了交流，增进了友谊，颜延之离开时又留给陶渊明一笔钱，让他打酒喝。颜、陶二人年纪相差将近二十岁，却神交甚笃。颜延之年轻时在江州任后军功曹，那时年近五十的陶渊明已弃官归田，二人就兴趣相投，交往至深，成为忘年交。颜延之赴任始安途中，又专程造访陶渊明，并陪伴他饮酒赋诗多日，才离开。二人的交往成为千古文坛佳话。陶渊明死后，颜延之在远方写下《陶徵士诔》一文，热情赞颂了陶渊明的崇高品格以及光明磊落的生平行事，刻画了陶渊明"赋诗归来，高蹈独善"的形象。陶渊明生时尚无甚知名，颜延之全面记录了陶渊明的一生事迹，并第一次给予极高评价，陶、颜二人可谓千古知音。

漫漫长路，步履沉重。颜延之来到了汨潭，汨罗江水依然静静流淌，让他怀念起伟大诗人屈原，并写下了《祭屈原文》以致其意。抚古怀今，怎能不感慨万分？屈原为古之圣贤，陶渊明为今之高士，颜延之所作二文，实表白了自己的志意，有治国之雄心，却无力施展抱负。颜延之任始安太守三年时间，也是他专注治学、陶冶情操的三年。始安郡治在今广西桂林，桂林市中心虽不乏奇山丽人，但有一座石山却格外引人注目，它如一柱擎天，拔地而起，毫无依傍、直入云端，名为"独秀"，即来自颜延之的诗句："未若独秀者，峨峨郛邑间。"现在桂林独秀峰下尚存有"颜公读书岩"古迹，历代文人墨客题咏无数，为之感慨万千。随着刘湛之等人被诛，形势发生逆转，消息传到遥远的始安，颜延之被征为中书侍郎，又回到京城，赏遇甚厚。朝政反复，帝王杀戮，伦常尽废，君臣之义全无，颜延之这位性情文人自然有满腹不平。由遥远偏僻的始安郡，万里征程赶回京都建康，再次擢升高位，他仍见不惯专权者，"见刘湛、殷景仁专当要任，意有不平"，很快便以言语冒犯权要，又遭受到人生的第二次贬谪，此后7年，他并没有去外地赴任，而是隐居家中，史称他"屏居里巷，不豫人间者七载"。此时他官俸全无，田产微薄，仅凭他人接济馈赠，聊以度日，但困窘如此，颜延之亦不愿从俗。只要他稍稍屈从，便会有功名利禄，他却坚持节操，不肯苟且。

东晋的最后一个皇帝晋恭帝的皇后叫褚灵媛，刘裕篡晋后，降晋恭帝司马德文为零陵王，褚灵媛为零陵王妃。刘裕想方设法对司马宗室斩尽杀绝，最后害死了司马德文。褚灵媛的女儿司马茂英嫁给刘裕之子刘义符，成为皇后。褚灵媛得以善终，于元嘉十三年（436）过世，谥号"恭思皇后"。这样一个荒唐的联姻故事真实地发生在刘宋王朝，怎能让颜延之等东晋遗民看得下去呢？晋恭思皇后死后，刘宋王朝虚伪地为她准备葬礼，刘湛之找来义熙元年时为官的名单，让这些旧官们出席葬礼，充当门面，其中就有颜延之。朝廷派人送来邀请的书札，延之借醉态，将书札掷于地上，说："颜延之未能事生，焉能事死！"铮铮铁骨，溢于言表，身处困境，仍能持此操守，可谓刚正不阿，颇有气节。正是这屏居的7年，使颜延之的思想得以沉淀，许多有分量的作品创作于此期间。如五言组诗《五君咏》，总结人生经验教育子孙后代的《庭诰》，与著名无神论者何承天反复论难、辩释达性论的书信等长篇大论，将诗才与辩才发挥到了极致。

第三次上升是在长达 7 年的屏居里巷之后。先前得罪的权贵刘湛被诛，颜延之才得以起用为御史中丞，负责监察百官。他明辨时局之黑暗，深解政治之腐朽，时世之动荡，权贵之无耻，尽职尽责，却被诬为"横兴讥谤，诋毁朝士"，以此遭到免官，此为第三次降职。随后虽又一次起用，并官位颇高，但对于一个已年近耄耋的老人来说已无甚政绩可望。

综观颜延之的一生仕历，可见三起三落的政治遭遇皆是由他个人的言行不拘引起，究其实又是源自他刚正秉直的性格。颜延之原本怀抱热情，然而面对现实的摧残，内心充满痛苦，却不再像年轻时那样气盛反抗和愤世嫉俗，而是外表上随俗同化、委曲求全。"何意百炼钢，化为绕指柔。"这是古代士阶层久经挫折之后衍生出来的生存哲学。有人用前人作比，认为谢灵运的性格近于嵇康，而颜延之则近于阮籍。确实，阮籍生当魏晋易代之际，天下动荡不定，名士多死于非命，阮籍保全自身的方式就是不参与世事并以酣饮沉醉为趣味，以掩饰自己不愿苟同的本性，同时借以避祸全身。颜延之在几番沉浮之后亦沉溺于酒杯，隐藏自己的才华和不满，苟求性命于乱世。

颜延之是清醒的，他时时在诗文中透露出真性情来。如

黄庭坚书颜延之《五君咏》局部

他在屏居期间所作的《五君咏》，就是个人才情与人生遭际的真实写照，是一部自传体的史诗。《五君咏》主要写竹林七贤中的阮籍、嵇康、刘伶、阮咸和向秀五人，改七贤为五君并加以歌咏，剔除掉七贤中不守气节、趋炎附势的王戎和山涛二人，本身就代表着颜延之对历史人物的评价，他推崇清高独立的品格，鄙视世俗的名利欲望。此组诗歌咏的是历史人物，实兼具史传、史论和咏怀性质，由他对历史人物的描写赞叹可见他的个人价值判断。《五君咏》为咏史诗，这不仅是对历史功过的客观论断，更将自我之抒情主体融入其中，从而寄寓自我情怀的本真抒发，坚持一种超凡脱俗的自然生活。诗中人都好酒，不以官场为务，又都任性而为，不媚权贵，不正是颜延之的自画像吗？

颜延之以诗来评定五君之是非功过，实为传达自己的史识和价值观，并寄托个人遭遇的身世之感。颜延之在出仕之后曾在十年间身居低品小官，拒绝接受他人的提拔引荐，一方面体现出他不慕荣利的品格，另一方面也可见他不屑于与权贵交往的性格。他常常正面抵触权要，毫不顾及情面，表现了他逸翩独征的不羁姿态。正史记载，他得罪过当时多名权要人士，特别是有些人原本欣赏他、关心他，堪称朋友，颜延之却偏偏冒犯，如傅亮、刘湛、殷景仁、谢晦、释慧琳等。傅亮和谢晦都十分赏识颜延之的文采，而颜延之却并不领情，他自信自己的才华冠绝当时，不肯掩饰自己的锋芒。他对上级官吏也毫不留情。"时尚书令傅亮自以文义之美，一时莫及，延之负其才辞，不为之下，亮甚疾焉。"既然为尚书令所不容，那么颜延之受到排挤就可想而知了。殷景仁出身陈郡殷氏，颜延之被出为始安太守时，他表示了同情，他评价这件事："俗恶俊异，世疵文雅。"他所谓"俗"、"世"实指当时排挤颜延之的当权者，意在讥刺徐羡之、傅亮等宋文帝身边的重臣。他所称颂的"俊异"、"文雅"指的是颜延之，他极为痛心地指出正直有才之人遭受社会排挤的黑暗现实，堪称颜延之的知遇者。刘湛、殷景仁两位朝政要人原本曾赏识或有恩于他，他也毫不以为意，见到他们专权把持天下，意有不平，常说："天下之务，当与天下共之，岂一人之智所能独了！"言辞激情，冒犯权要。他年轻时曾作过刘湛父亲刘柳的行参军，壮年之后职位不能正常提升，就向刘湛发牢骚，说："我得不到提升，就是因为曾做过你家的小吏！"这让刘湛对他更加不满。后来，颜延之被贬为永嘉太守。史评他"不能斟酌当世"，刚直、放旷，纵情任性的特点暴露无遗。总之，颜延之对官僚，总是主动出击、锋芒毕露。在与权贵们的挑战中，颜延之显示了一个文人的独立与傲岸。这种行为虽增加了诗人的坎坷历程，却符合诗人的任真本质。

颜延之学问渊博、机警善辩。罢官在家期间，颜延之作《庭诰》一文，借训诫子弟之机，对儒家的伦理、政治、哲学观点多所阐发，许多观点在《颜氏家训》中得到重新体现和延伸，对颜氏子弟影响颇深。

宋文帝曾问颜延之："卿诸子中谁有卿风？"延之答："竣得臣笔，测得臣文。"可见颜竣和颜测亦继承了家业，文章水平也很高。颜竣有《文集》、《诗集》、《诗例录》等流行于世。颜恻有《文集》传于世。

颜协、颜之仪父子二人以文学见称于世，被比作汉代的枚乘、枚皋父子二人及曹魏的应璩、应贞父子二人。"梁元帝手敕报曰：'枚乘二叶，俱得游梁；应贞两世，并称文学。我求才子，鲠慰良深。'"由宋至梁，不出百年，颜氏家族有多位文学家彪炳史册，实为文学世家。

2.颜体创为天下楷模

颜真卿是唐代最伟大的书法家，其成就亦与家世之学密切相关。据颜真卿自述："上祖多以草隶篆籀为当代所称。"南朝宋时，颜延之善书翰；东扬州刺史颜竣工行书；颜腾之善草隶，见称于梁武帝；颜腾之之子颜炳之，亦"以能书称"。南朝梁时，颜协工草、隶、飞白，荆楚一带的碑碣，皆出自颜协之手；颜之推，博识有才，尤工书，好收藏法书名画，著有《急就章注》和《笔墨法》。颜真卿在为家族中人所作墓志铭中多记载先人善书之事，如曾祖父颜勤礼"工篆籀"，祖父颜显甫（后世称颜昭甫）擅长篆、籀、隶、草书，书法与内弟殷仲容齐名。颜真卿父亲颜惟贞，因家贫无纸笔，与兄弟颜元孙等人一起用黄土扫墙壁，再用木或石在上面描画来练习书法，尤其擅长草、隶。母亲为殷仲容堂侄女，亦当善书；姑母颜真定为殷仲容之媳，以才学选为武则天女史。殷仲容书法继承了晋朝王羲之、王献之父子的风格，秀丽典雅，笔法精到。颜真卿在这样的家族氛围之中，精于书法可谓渊源有自！

颜真卿还自觉用功于书学，拜访书法名家张旭并学艺，作《述张长史笔法十二意》，体现了他在书法理论上的高度修养。又学褚遂良用笔方圆俱备，瘦硬刚劲。颜真卿对晋唐以来的传统书法加以揣摩，掌握了用笔结字的种种奥妙。他在进士应试、吏部铨选、制科考试中因"楷法遒美"而先声夺人，畅行无阻。此时颜真卿书名渐起，史称"善正、草书，笔力遒婉，世宝传之"。颜体特点在于以中锋运笔，字体以正面示人，横细竖粗，点画有规律可循，便于初学者模拟领会笔法与笔力，更因其书体契合了盛唐气派，犹得人心。颜鲁公人格崇高，境界高远，气势浩然，德侔天地，书如其人，端庄、雄奇、质朴、大气，为人作书，堪称天下人之楷模。

颜真卿所创立的"颜体"为楷法的集大成者。颜氏本就有重字学的传统。贞观七年，颜师古拜秘书少监，主管校正书籍之"奇书难字"，曾记录数种字体，制定雠校范式，被尊为"颜氏字样"，供人查考。颜元孙有《干禄字书》，为科举制度下的教科书标准。颜氏家学重视训诂之学，这些都使得颜体结体依准六书，严守汉字楷体规范，为当时读书人仕进开辟了一条捷径。颜真卿以前，书法艺术承袭东晋以来的传统，宗法王羲之、王献之，书风秀媚，飘逸洒脱。唐初欧阳询、虞世南、褚遂良、薛稷被后世誉为"唐初四大家"，虽有创新，但始终未脱"二王"风格。随着李唐王朝的繁荣昌盛，这种书风已不符合盛唐的审美需求。革新书风的重任落到了颜真卿的身上。颜体形体端正丰满，神态雍容大度，柔中带刚，气势充沛，恰当地反映了盛唐政治的开放包容、文化的繁荣兴旺，经济的富足发达，成为人们喜爱的艺术代表。

除了楷书领风气之先之外，颜真卿亦工行草，其代表作《祭侄文稿》、《争座位帖》、《刘中使帖》等，均是性情之作，气势雄浑，随情而发，一泻千里，无意于书而尤佳。现存世的《祭侄文稿》为行书真迹，与著名的《兰亭集序》相比，贵在其迹真、情真、意真。本稿为祭奠捐躯赴难的侄儿颜季

颜真卿书法《祭侄文稿》

明而作，追叙了常山太守颜杲卿一门抵抗叛军、杀身成仁的事迹，讴歌了"父陷子死、巢倾卵覆"的壮烈事迹。全稿一气呵成，似长河急下，容不得半点虚伪，沉郁痛楚之感，令人为之柔肠寸断。而稿中涂抹圈点、飞白笔枯之迹，流淌着书写者内心的激愤与悲痛，对亲人逝去的伤痛，寄寓了对大唐将衰的担忧。

颜真卿的书法作品，精湛的书法技巧与完美的艺术表达相融合，达到了极高的艺术境界，历来为世人所珍视，仅宋徽宗朝宣和内府即藏有颜真卿书迹200余件，至今尚存70余件，均为艺术珍品，具有极高的艺术、文物价值。其影响所及，由整个晚唐而至宋、元、明、清，直至现代。

颜真卿也是一位大学问家。他早年任校书郎时即曾翻阅音韵学名著《切韵》一书，此书由陆法言与颜之推等人编定，显示了颜氏家学的深厚传统。颜真卿在为官之余，还广交友朋，集思广益，将经史子集四部书中的相关成句汇编于一部书中，创建了一种新的类书体例，编成《韵海镜源》，对后世类书的影响深远，清康熙时《佩文韵府》即本此而编。

颜真卿在文学上也有成就。唐科举考试重在以诗赋取士，颜真卿得中进士，自然有相当的文学造诣。史载其著述有《礼乐集》十卷、《历古创置仪》五卷、《颜氏家谱》一卷，诗文集有《庐陵集》十卷、《临川集》十卷、《吴兴集》十卷。

后人注重搜集保存颜真卿的著述，北宋吴兴沈氏、宋敏求等即曾搜求颜集，但因时乱散佚。《全唐文》所收颜真卿赋、表、奏、疏、状、议、判、书、序、记、颂、赞、辨、题名、铭、祭文等各种文体作品 102 篇，另有诗 10 余首，联句 10 余首。清人黄本骥整理《颜鲁公文集》收颜真卿作品最为完备。但是书名掩其文名，颜真卿的文学成就鲜为人所知，致使其文学作品传世过少。颜真卿一生交结广泛，与著名文人如高适、岑参、元结、卢纶、戎昱、徐浩、郗纯等人结为至交，与殷寅、柳芳、陆据、李华、邵轸、赵骅等人过从甚密，另与诗僧皎然、道士吴筠、处士陆羽、隐士张志和等也有文字往还。他编修《韵海镜源》时，身边聚集了众多文学之士，诗酒宴会，以文会友，在唐代文学繁荣局面中独树一帜。

颜真卿与杜甫两人在唐代史上赫赫有名，不仅因为他们分别在书学和文学上首屈一指，被尊为集大成者，更以其人品著称于后。宋大儒朱熹最为推崇的古人有 5 位，汉之诸葛亮，唐之杜甫、颜真卿、韩愈，宋之范仲淹，他说："此五君子，其所遭不同，所立亦异，然求其心，则皆所谓光明正大，疏畅洞达，磊磊落落而不可掩者也。"观颜真卿的一生，才兼文武，求仁得仁，捐躯以赴国难，真可谓气壮山河。《旧唐书·颜真卿传》赞曰："虽千五百岁，其英烈言言，如严霜烈日，可畏而仰哉！"

三、治家经典：《颜氏家训》

北齐颜之推所作《颜氏家训》规模宏大，体大思精，不仅具有训诫子孙的作用，还承载了颜之推对社会、政治、人生、风俗等的观察和体悟。内容论及立身处世、治家教子、社会风习、养生技艺等多个领域，既有说教又有例证，既有前人经验又有亲身体会，形成了一个庞大的学术整体，建构了一个精微的理论体系，对古代的家族教育影响甚巨，尤其是对颜氏家风起到了治家经典的效应。

家训是维系中国传统文化的根本，生产、生活实践中，祖先立法，父子相承，伯叔照应，口耳相传，伴随着以血缘相系的家族形式稳固地发展而来。魏晋南北朝时期，五胡乱华，战争连年，政权更移频繁。世族大家，或向南迁移逃难，或就地建坞自保。流离世乱中，每一个个体必须借助家族，互相扶持，方可生存于世，因而家族的凝聚力尤为重

顏氏家訓

　　　北齊顏之推

自古明王聖帝猶須勤學況凡庶乎此事遍於經史

吾亦不能鄭重聊舉近世切要以終寤汝耳士大夫

子弟數歲已上莫不被教多者或至禮傳少者不失

經論及至冠婚體性稍定因此天機倍須訓誘有志

尚者遂能磨礪以就素業無履立者自茲墮慢便為

凡人人生在世會當有業農民則計量耕稼商賈則

計論貨賄工巧則致精器用伎藝則深思法術武夫

顏氏家訓

明末刻本《颜氏家训》书影

要，家族核心人物往往注意总结生存的经验教训用以警示子孙。因而，世族大家在这一时期出现了许多"家规"、"家训"、"诫子书"、"闺训"等类型的文章。颜氏家族历来重视家族教育，在诫训子孙上相较其他大族更为突出。现存文献如颜含《靖侯家规》、颜延之《庭诰》、颜之推《颜氏家训》，多强调儒雅立身，书生门户，以道修身，以儒治国，守道弘道；为人不求显达，婚姻不贪势位，也有安贫乐道之精神内核。从这些文章或著作中，我们可以清晰地看到千百年间家风延续的脉络。

颜之推的《颜氏家训》是一部系统完备的训诫之作，篇数取20，应仿《论语》20篇之规模。首篇《序致》言明作书主旨，末篇《终制》作为遗嘱，一首一尾，前收后拢，主体部分18篇，每一篇标题可以显示出主题，独立成篇，全书谋篇布局，用心良苦。18篇中的《教子》、《兄弟》、《后娶》和《治家》属卷一，主要阐述强调教育子弟的重要性，谈论家庭内部的事务与关系的处理；《风操》、《慕贤》为卷二，谈论家庭外部的处世要略；卷三的《勉学》和卷四的《文章》、《名实》、《涉务》及卷五的《省事》、《止足》、《诫兵》、《归心》、《养生》谈论人生要旨并阐明认识问题的思想方法；卷六《书证》及卷七的《音辞》和《杂艺》则从具体的技艺指点子孙，积累家学，有效传承下去。《颜氏家训》是颜氏子孙进行人身修养和规范自身行为的法则,甚而成为古代多数世家大族共享的治家指南。

(一)《颜氏家训》的成书过程

魏晋南北朝数百年风霜雨雪中,恐怕没有哪一个人能像颜之推的人生一样具有戏剧性,没有哪一个人能像他一样经过千锤百炼,万般况味融入一炉,化为滴血的文字,在这部家训中传唱着人性的旋律。

《颜氏家训》大约写于颜之推居北齐时期,完成于隋开皇年间,成书历时约有十余年之久,这是颜之推一人之力完成之私著,本不欲宣之于世。书中多用第二人称行文即是一种证明,"汝曹"、"尔曹"、"尔"等第二人称代词,指代子孙辈,在《颜氏家训》全书中使用了十余次,分别见于《序致》、《教子》、《治家》、《养生》、《归心》、《音辞》、《杂艺》、《终制》等篇,可见十余年间颜之推对子孙的叮嘱极其用心。此书的著作大致始于北齐,也有部分写于齐亡不久的,入隋也曾有所删减。朝政如此纷乱,历时如此之久,仍念念对子孙作此殷切叮咛,可以窥见其父爱之切。

正因为该书是写给自家人看的,因而行文自然平实真切。文中多见"不可"、"切记"、"勿使"、"不可不"等祈使语气，体现了阅读对象的特定性。这种用自家话说自家事的行文风格最大限度地保证了平实稳妥、质朴恳切的表达效果。以往的诫子类散文也有用第二人称言说方式的情况，但因为篇幅比较短小、应用性又较强，形式多为书信，在时间的要求上显得应急性多一些。而《颜氏家训》作为内容驳杂、结构严整的著作，写作历时十数年，在如此长久的时间里，持续地、有意识地使用第二人称进行叙述，表明了作者强烈的主观能动愿望，也就是说他的后半生里有很大一部分精力在思考家族的发展、子孙的生存，并随时随地积累素材，寓教于生活。事实证明，这部书对于后来家风的持续发展起到了决定性的作用。

1. 一生三化，血泪凝成

颜之推历经梁元帝、北齐宣帝、北周武帝宣帝静帝、隋文帝四朝六位皇帝，真可谓一生三化、命运多舛。正是这种特殊的境遇令其重新建构思维方式和价值观念。原本耿直随性的文人气质一变而为谨小慎微，夹缝中求生存。一人而先后仕四朝六帝，历史上大概只有颜之推一人。

颜之推的坎坷人生起伏跌宕、颠沛流离，他创作的《古意》其一以诗歌的语言记述了自己的一生经历，其中四句诗颇具艺术性地划分了其人生历程中的四个阶段:"十五好诗书"的少年岁月、"出入章华里"的青年历程、"独生良足耻"的壮年时期、"悯悯思旧都"的暮年生涯。这四句诗分别概括了他读书积累，为官为政，流离奔波，最后老来反思的心得体会。

颜之推自幼精于经史，为后来成为通儒大师打下了基础。颜之推在文学氛围浓郁的家族中成长起来，有条件饱读诗书、锻炼文采，为后来的博学多识奠定了基础。《北齐书·本传》记载颜之推"博览群书，无不该洽"，颜之推的博学与其家族传统有关。颜氏家族本是一个经学世家，家学渊源，代有传人，绵延数百年，文化历久弥新。九世祖颜含以博学任侍中，五世祖颜延之经史无所不览，颜竣、颜测都是一代学术名家，祖父颜见远、父亲颜协各以才学见用于时。特别是颜之推的父亲颜协品德超群、才学出众，陪伴着颜之推幼年至青少年成长的兄长颜之仪也是一位博学有才之士，史载他博涉群书、擅长写作，曾向当时的湘东王献过《神州颂》，辞致雅赡，深得湘东王的喜爱。《北齐书》记载颜氏"世善周官、左氏学"，即指颜氏家族祖辈在学术上十分重视，也十分擅长儒学。学问家业的世代相传是一种巨大的无形力量，家族中人的相互熏习造就了一种良好的学习氛围。颜之仪3岁通读《孝经》，颜之推7岁能诵《鲁灵光殿赋》，就是家长对子弟悉心培育的表现。颜之仪作为长兄，也有文学才华，兄弟之间的切磋砥砺自然不少。

颜氏家族还重视藏书。刘宋时的颜延之遍览经史，已初见规模，颜竣、颜测等又著作等身，增加了藏书的数量。当颜氏西入湘东王府，在萧绎好藏书的影响之下，颜家必有藏书之盛况。颜之推家藏丰富，曾收藏有萧绎的画、王羲之的法帖以及当代人的书法作品。家业和藏书都有利于成就颜之推的博学之实。总之，博通经史、文采典丽是颜之推创作《颜氏家训》的基础，也是颜氏家风熏染的必然结果。

2. 眷恋故土，心念旧恩

颜之推原先为萧梁人，在湘东王府邸及梁元帝江陵政权之时最遂心意。萧绎是梁武帝萧衍的第七个儿子，被封为湘东王，他才高好学，善于书画，非常赏识颜协父子。颜之推自幼得以跟随湘东王读书听讲，"数从明月燕，或侍朝云祀。登山摘紫芝，泛江采绿芷"，备受恩遇，经历人间繁华。侯景之乱后萧绎登基称帝，即梁元帝，重用颜之推。颜之推出身名门，本人才华横溢，得以充当黄散近臣，身穿深红色的朝服登上上奏的位置，有时校订秘阁的藏书，有时参与宫廷的唱吟，沐浴着浩荡皇恩，前途无量。他本为南人，故以东国之宝玉、南荆之美玉自比，他在《古意》中写道："宝珠出东国，美玉产南荆。随侯曜我色，卞氏飞吾声。已加明称物，复饰夜光名。"言语间充满了自豪感。可以说家族、故国培育了颜之推的豪情与壮志，成为诗人心中永远不停追求的目标。《古意》诗中所谓："狐兔穴宗庙，霜露沾朝市。"表达的就是这种对故国、故土的眷恋之情。

然而西魏的军队攻入江陵，梁元帝无力回天，将收藏的古物、字画、法帖等付之一炬，欲自焚而不得，后惨死于自家人之手，江陵政权灰飞烟灭。颜之推与兄之仪连同梁朝大部分士族子弟被掠至西魏。半路上，颜之推又被迫前往弘农为西魏平阳公李远掌书翰，也就是仅充任一名小小的书记官，受尽了屈辱。不久他听说在北齐的梁朝使者可以返朝，便带上妻子儿女择机逃离西魏奔往北齐，准备借道北齐回到梁朝。这一路充满了艰难险阻，不仅距离遥远、关隘重重，还由魏至齐必须渡过黄河。黄河古来就以多险滩和暗礁出名，是横亘东西的天险。出逃之日，"值河水暴涨，具船将妻子来奔，经砥柱之险，时人称其勇决"。一家人乘坐在一叶小船上横渡黄河，偏偏遭遇河水大涨，惊涛骇浪，险将小船掀翻。如果不是心存返回梁朝的信念，他怎么会冒着生命危险携妻将子渡河奔齐呢？然而死里逃生到了北齐，事与

115

愿违，这时恰巧梁朝已被陈朝取代。即将看到希望时，魂牵梦绕的梁王朝却一时覆灭，叫人怎能不感慨万分！颜之推一家因此无国可归，被迫留在北齐，真如古诗所唱的"欲归家无人，欲渡河无船"，状况极其凄惨悲凉。幸而颜之推因出众的才华得到北齐文宣帝的赏识，得以在北齐的文化事业中建树卓著，在此期间他曾担任黄门侍郎。可惜好景不长，北齐后主高纬宠幸冯淑妃，不顾及大刀已经架在脖子上的危急时局，贻误战机，因荒淫而亡国。唐代大诗人李商隐曾写过《北齐》诗讽刺此事："小怜玉体横陈夜，已报周师入晋阳。"周建德六年（557），周兵攻陷北齐别都晋阳，齐都邺城随即沦陷，颜之推由帝王宠臣沦为北周的俘虏，随其他 17 位文臣一同在北周将领的驱使下，迁往北周都城长安。二十余年后杨隋取代北周，颜之推又一次饱尝亡国之恨，变成了隋人。所以他在《颜氏家训》的最后一篇《终制》篇中痛切地说："然则君子应世行道，亦有不守坟墓之时，况为事际所逼也！吾今羁旅，身若浮云，竟未知何乡是吾葬地；唯当气绝便埋之耳。汝曹宜以传业扬名为务，不可顾恋朽壤，以取埋没也。"这是在乱世流离之中发出的无奈嘱托，其中所蕴含的真意仍是对故土家族先祖的眷恋之情。原本有着勇决之称的义烈之士，竟吩咐"气绝便埋"，实是表达了无力回天的绝望之感。

颜之推亲身经历了四个政权的沦亡,颠沛流离,播越他乡,居住过的帝都就有江陵、建康、邺城、长安四处,游宦与逃亡之地更不必说,遭遇固然凄惨,也因此而见识广博。改朝换代的亡国之痛无法消除,屈辱事君的无奈之举诚与愿违。颜之推漂泊一生,无处容身。他经历了一个世族子弟身世由高峰到低谷的巨变,他把自己比作失林之鸟,无水之鱼。他在《观我生赋》中历数自己一生中数次打击,说自己饱尝人间的艰辛苦难,如同飞鸟巢穴被焚,偏又遭剪除翅膀;如同游鱼离岸,偏又被曝晒鳞枯!广袤无垠的宇宙,竟无处可容我这小小身躯!这种痛彻心扉的感慨实出于真心,亡国之耻始终萦绕心间,在此基础上我们才可以理解他对家中子弟的真情告白。

3. 整齐门内,提撕子孙

颜之推一生颠沛流离,生死置于一线,命运操控在他人手中,他为什么倾十余年之力,以数语积累,日夜不弃,历尽艰辛而写成《颜氏家训》呢?他在《序致》篇中说,写作该书"非敢轨物范世",只是为了"整齐门内,提撕子孙",此言非为谦虚,因为他知道在那个乱世中,五伦丧尽,欲以一己之力规范事物、警醒世人实为不易,但规范自己的家族，令家族长久生存下去，却是可以做到的。

颜氏家族历来重视家教家风，颜之推说："吾家风教，素为整密。"他曾回顾自己的成长道路，自己早在幼儿时期就时常受到长辈的教诲，跟随两位兄长朝夕侍奉父母，言行循规蹈矩，神色安详，言语平和，毕恭毕敬，每时每刻都像要朝见威严的君主一般。9岁丧父后，兄长对自己鞠养呵护备至，却有仁无威、教导不严，致使自己也沾染了凡俗之人的一些不良习气，比如说话肆无忌惮、日常不修边幅等，有点接近现今人们常说的青少年成长叛逆期的表现。稍懂事之后虽想改正，但已习惯成自然，不容易约束自我。20岁以后，虽较少犯大的过错，却经常"心共口敌，性与情竞，夜觉晓非，今悔昨失"，说的和做的不一致，难以控制自身的行为，每天总有做得不好的事情，总是在事后悔悟不已。

在残酷的社会现实面前，如何保全生命又不失良好的人格，也是颜之推必须要告诫子孙的。颜之推本出身儒学世家，有着济世热忱，可叹所遇非时，满腹的辛酸况味不能倾吐，只能面对子孙作一番人生总结，希冀自己的家族内部可以传承宏愿。因此，颜之推"生于乱世，长于戎马，流离播越，闻见已多"，在成家生子之后，他将自己刻骨铭心的记忆告知子孙后代，故著《颜氏家训》二十篇，以为治家之策。恐怕这位乱世中汲汲求生的父亲也没有想到，他集腋成裘的著作对颜氏家族的家风起到多么关键的指导作用，更不会想到其对后世有着如此大的影响。

（二）切切婆心　谆谆诰诫

中国传统家训基本内容主要集中在为人处世与齐家守业两大主题上，首先关注的是家庭的稳定和人伦关系的和谐。

1.修齐治平

第一，本于三亲。

颜氏家风首重的是立身治家之道。家族内部伦理关系主要包括夫妇、父子、兄弟三个层次。"夫有人民而后有夫妇，有夫妇而后有父子，有父子而后有兄弟：一家之亲，此三而已矣。自兹以往，至于九族，皆本于三亲焉，故于人伦为重者也，不可不笃。"亲情关系的亲疏、等级，基本出于古礼。

夫妇是家庭建立最为核心的因素，婚姻方面的选择是家风与家教影响的直接结果。早在东晋时期颜含就立下族规，在婚姻问题上，务必做到"勿贪势家"，坚决反对贪荣求利。在颜氏家族的发展史上实际上有多次机会可以攀结高门甚至皇族，但出自高攀目的的联姻微乎其微。宋代以后颜氏与孔氏历代都有姻亲关系，但那已经是较晚的时候了，并且也多因为孔颜二氏同在曲阜，有着地利之便，又因为同为朝廷优遇的贵族，属于门当户对之选。《颜氏家训》对于娶妻规定甚详。在《后娶》篇中，作者引用了大量的事例说明对待妻子死亡后续弦一事要慎之又慎。后娶的妻子常因感情、财产等问题与前妻的孩子产生矛盾冲突，冲突的结果往往会损坏家庭生活的正常发展，严重的则是家庭的再次破碎，因此不可不慎重。颜之推不只与同族内各家庭保持联系，还与妻族联系密切，如他曾与思鲁的姨夫彭城刘灵论学，同时教育妻党子弟。《勉学》篇记载他亲自考问两个外甥儒行、敏行有关避讳的习俗和细节，并一一找出与其父刘灵之名同音的字有五十多个，教授给他们，这让家教略逊于颜氏的诸刘感叹不已。这一番教诲避免了刘灵诸子因不识避讳而遭欺的耻辱。颜之推还曾教儿子愍楚的连襟窦如同怎样辨认一只青鸟，并引经据典区分"鶗"与"鸠雀"，显示与亲戚的亲近关系。

家族内部父子相继在纵向上有着传承家风的作用，《颜氏家训》强调慈威并济，家长要成为子女的楷模。颜之推非常强调尊长的表率作用。他认为："父母威严而有慈，则子女畏慎而生孝矣。"做父母的要注重个人修养，严于律己、宽以待人,为子女作出示范。他说:"夫风化者,自上而行于下者也,自先而施于后者也。是以父不慈而子不孝,兄不友而弟不恭,夫不义而妇不顺矣。"这与同为琅玡贵族的王氏家族的主张相异。王氏家族也强调孝悌,先祖王祥曾以孝行被列入二十四孝之中,他临死留下遗训"信、德、孝、悌、让",但是不出五代之后,就出现了兄弟相残的事例,如王导与王敦两个本家兄弟争得你死我活、鱼死网破;王舒为自保杀王含、王应二人,也是毫不留情。

颜氏的兄弟关系维持得相当有序,始终都是兄友弟恭。《颜氏家训》专门列《兄弟》专篇,主张兄弟相互爱护,兄友弟悌之情不能受到外人的干扰,更不能产生兄弟相残的矛盾。坚持行恭孝要从家族内部做起。他认为:"兄弟者,分形连气之人也。"自幼至长,长期共同的生活环境、共同的父母教养,使得兄弟气息相通,"食则同案,衣则传服,学则连业,游则共方,虽有悖乱之人,不能不相爱也"。等他们长大成人各自娶妻生子之后,一定要特别注意加深兄弟之间的感情,不受妯娌们的影响,才能避免关系疏远。结合我们现代社会的现实来看,不能不佩服颜之推当年的判断,有些地方民情不复淳朴,兄弟成家之后,各自过活,不但不能相互爱护,有的甚至大打出手,完全不顾及尚在世的父母感受,有的甚至因为养老之事算计一点利益得失,令老人晚年不得安宁。这种无视伦理的现象确实应当引起重视。实在应该翻开近 1500 年前的《颜氏家训》来认真读一读了。

第二，自立自强。

当然颜之推的眼光并不只是局限于自己家族内部，他十分重视培养子弟的独立生活能力。他总结自己的处世经验得出一条结论，"父兄不可常依，乡国不可常保"，一旦流离失所，无人庇荫，必须自立自强。那么怎样才能生存于世呢？就要擅长某种技艺。他引用了流行于世的谚语："积财千万，不如薄伎在身。"他说："人生在世，会当有业。农民则计量耕稼，商贾则讨论货贿，工巧则致精器用，伎艺则钻研技巧，武夫则惯习弓马，文士则讲议经书。"颜之推叮嘱给子弟的实际是一种自立自强的敬业精神，一种在社会上安身立命的生存能力。在士、农、工、商、军、伎诸行业中，颜之推固守传统的本业，亦即从事耕稼的农业，同时作为文士要研究讲论经书，最终达到修身利行的目的。这是一个家长对自己家族的期望，也是中国封建社会后期逐渐形成的耕读世家的雏形。

第三，教育的时机与途径。

颜之推特别注意子弟教育问题，并确立家庭教育的各项准则。他是第一个正式提出胎教与早教原则的人。他认为人在小的时候，精神专一；长大以后，思想分散，不易学习，因此一定要早入手进行教育，他引用孔子的话"少成若天性,习惯如自然"及当时的俗谚"教妇初来,教儿婴孩"来说明这个道理。他批评"无教而有爱",用今天的话说就是溺爱。溺爱带来的坏处显而易见,孩子成人后,骄矜傲慢已经成为习惯,家长即使痛打到死也无法威慑了。这样的孩子还能指望对家族发展有何贡献吗?《教子》:"生子咳嗳,师保固明孝仁礼义,导习之矣。"孝、仁、礼、义等品德理应在一个人出生之后不久就加以教导,《孝经》之类的儒家经典也应尽早教授,这样才能保证一个人形成儒家基本道德观念。今天的中国大多数家庭只生一个孩子,过度的珍惜近于溺爱,独子的养成环境使得孩子容易以自我为中心,再加上家长不重视品德教育,造成了许多社会问题,尽管已过去了一千余年,《颜氏家训》仍对我们有教育意义。

教育的途径即提倡学习,反对不学无术;学习应以读经书为主,又要注意工农商贾等百科知识;把读书做人作为家训的核心。颜之推把圣贤之书的主旨归纳为"诚孝、慎言、检迹"六字;认为读书问学的目的,是为了"开心明目,利于行耳","若能常保数百卷书,千载终不为小人也"。他认为无论年龄大小,都应该读书学习,"幼而学者,如日出之光;老而学者,如秉烛夜行,犹贤乎瞑目而无见者也"。主张"学贵能行",反对空谈高论、不务实际等。他鄙视和讽刺南朝士族的腐化无能,认为那些贵游子弟大多没有学术修养和生活技能，只会讲求衣履服饰的鲜丽华美，一旦遭遇乱离，除转死沟壑，别无他路可走。《涉务》篇描画了梁代士大夫的奢华生活："梁世士大夫，皆尚褒衣博带，大冠高履，出则车舆，入则扶侍，郊郭之内，无乘马者。"有一位曾任过建康令的官员，名叫王复，从未骑过马，乘车也不注意观察，有一次见到马嘶鸣跳跃，十分震惊，竟认为这就是传说中的老虎，还责怪别人称其为马是叫错了。腐朽生活持续几十年，这般贵族肤脆骨柔，平日出行依赖车子，自己连路都走不了，身体羸弱，不耐冷热，常常发生猝死的事件。

颜之推还承袭墨子和荀子等人的教育思想，重视社会环境在人的成长中的作用。人在幼年时期受环境影响最明显。因为人在年少时，精神情感还没有定型，他身边相处亲密的人会给他熏陶浸染，日常的言谈举止也会对儿童产生潜移默化的作用。所以家庭环境尤为重要，在《颜氏家训》一书开篇，他认为师友的告诫不如服侍的婢女对孩子的影响力，解决邻里的争斗劝以圣贤之言还不如贤妻的几句劝告。他在《慕贤》篇中还引用《孔子家语》的话说："与善人居，如入芝兰之室，久而自芳也；与恶人居，如入鲍鱼之肆，久而自臭也。"强调子弟应多与品行优良的人交往，有道德修养的人必须谨慎选择相处的朋友和所居住的环境。

颜之推牢记颜氏"世以儒雅为业"的传统，在《勉学》

篇中，用大量的历史和现实的事例阐发了以儒学思想为立身治家之道，耕读传家的深刻道理。他强调学习的同时更要重视品德，子弟应保持高洁的品行，不能在世俗中丧失自我。他在书中以自身见闻活画出当时社会的人情世态，入木三分地揭示出士族社会的谄媚风气。如《教子》篇云："齐朝有一士大夫，尝谓吾曰：'我有一儿，年已十七，颇晓书疏，教其鲜卑语及弹琵琶，稍欲通解，以此伏事公卿，无不宠爱，亦要事也。'吾时俯而不答。异哉，此人之教子也！若由此业自致卿相，亦不愿汝曹为之。"语言朴实而生动，淋漓尽致地描摹了士大夫那股自以为是又不知羞耻的模样。北齐统治者为鲜卑族，性喜琵琶，当时朝野之中有许多人学习鲜卑人的言语习尚，用来求合于当时，并谋取高官厚禄、为之沾沾自喜。颜之推内心极为厌恶，宁愿子孙持守骨气，不做媚态。如此见解至今仍有借鉴意义。书中专设《慕贤》篇，要求子女将大贤大德之人作为自己的人生偶像，专心向慕并仿效他们，在他们的影响下成长。在信息如此发达的今天，青少年喜欢以影视音乐界明星为偶像，有的追星到了牺牲生命的地步，完全忘记了自己在人世间走一遭的真正价值，甚至连起码的社会责任感都丧失殆尽！哪里有什么先贤意识？哪里有什么社会担当？这种状况不能不说是因为家庭中缺少必要的教养，乃至家风缺失而致。

第四，礼义廉耻。

家训还注重生活礼仪的培养。要求子弟在践行"箕帚七箸，咳唾唯诺，执烛沃盥"等细小的行为中树立"士大夫风操"。持家要"去奢"、"行俭"、"不吝"，以克勤克俭、戒骄戒奢为持家的根本。从日常生活小事着手，重视每一个细微的教育机会，陶冶家门敦厚礼让的风气，养成良好门风。这种传统直至唐代仍发挥着作用，如颜真卿幼时曾用毛笔在家养的跛腿鹤背上写字，本为小儿游戏，却为兄弟斥责，他说："此虽不能奋飞，竟不惜其毛羽，奚不仁之甚与！"颜真卿只好恋恋不舍地放开缚住的鹤。一件小事，可以体现家族中礼仪教育的无处不在。

《颜氏家训》将儒家的礼教精神落实为具体的操作规范，礼俗文化与日常世俗生活密切相关，具有实际应用的可操作性。颜之推对儒家的礼乐名教给予了深切而细微的关注，他在《颜氏家训》一书中就礼俗风尚所作的详细论述和辨正，其内容便集中于与世俗生活密切相关的日用之礼。《风操》篇还专门论述了宗系亲属的称谓问题：如伯父、叔父、伯叔母、兄子、弟子、侄等用语的详细含义和用法。在封建宗法社会中，血缘是联络家族与社会的根本纽带，因而以称谓为标志的血缘亲疏代表着人与人之间各种关系的相处方式。儒家十分重视名物，对亲属名称也有着诸多明确的规定。《风操》篇大谈避讳之学，但反对过分严守。颜之推对称谓也十分看重，认为不只是名称，次第也是区别亲疏的重要标准，反映了儒家等级差别观念的深远影响。颜之推还批评了北方人在这一习俗上的失衡现象。他说:"河北士人，皆呼外祖父母为家公家母;江南田里间亦言之。以家代外，非吾所识。"他注意了北方士人与南方田里间人在称谓上的相似，反映了南方士人对称谓的保守性，而北方士人则偏离了正统的亲属称谓，作法不拘。他以古代的礼仪规范作为评判南北俗尚长短优劣的标准，认为称谓问题关系到为人处世的基本礼节，称谓不得体往往被看作是失礼的表现，因此必须对亲属称谓加以详尽的论述和辨正。由他对亲属名称的判断看，他所坚持的亲情观念比较符合原始儒家以血缘为中心的规则，强调内外之分，重视远近差别，是其服膺儒家的表现。

颜氏自古以来就重视气节，这在五伦尽丧的六朝显得尤为可贵。《颜氏家训》多次写到君子的境界，所谓"士君子"、"学达君子"、"不世明达君子"即为所应仰慕的人格榜样。颜之推所树立的修身理论遵循了儒家的基本要求，即孝悌、仁义、守职、济世，这是古代君子的立身之道。颜之推学问精博，无所不通，但在写作此书时用词质朴，表达直白，要义皆本之孝悌，上以事君，下处朋友乡党，旨归完全合于《六经》，对于百家之说的合理部分也有所吸取，分析论证都十分讲究根据。《颜氏家训》主张恭行孝悌仁义，全书开篇首句："夫圣贤之书，教人诚孝，慎言检迹，立身扬名，亦已备矣。"颜之推教导子孙自重自强，免除耻辱。如他认为可以学习音乐来陶冶情操，但不可以乐事人。因为琴曲技艺高超而被他人役使，不是自取其辱吗？不守气节往往和受辱相联系。他颠沛流离的一生中，亲眼看到过许多名臣贤士在危难中为求生而屈节，最终不能自救反受尽屈辱，实为下策。气节比生命更重要，所以在文章中他极其赞赏守节之士，"吴郡太守张嵊，建义不捷，为贼所害，辞色不挠；及鄱阳王世子谢夫人，登屋诟怒，见射而毙"。这种荣辱观和气节观与先秦以来的士文化密切相关，在六朝家族文化中并不多见。

博学与功业是互为条件的，学识广博就要辅君经国。他嘱托子孙，国家的兴亡、军队的胜败为家国大事，你们因为博学多知，应参与讨论，出谋划策。如果一个人入帷幄之中，参庙堂之上，不能为君主图谋社稷，是一个人的耻辱。与士之尽职守责的要求相适应，颜之推提出了士所修养的目的在于应世经务，济世成俗，具有强烈的经世致用色彩，与原始儒家的价值观念相一致。所以他反对玄虚，说："有学问而品德高尚的人生活在世上，以能有益于他人为贵，不应只是高谈阔论，弹琴看书，这样是白白消耗国家给予的俸禄。"
所以他嘱托子弟，应珍惜光阴，广泛阅读重要典籍，以有助
于将来建立功业。你们如能做到既博且精、两全其美。

　　中国早期知识分子，也就是士，自先秦时期就有着鲜明
的职业特征，即对职事的尽责。《说文》曰:"士者，事也。"
颜氏家族是六朝士大夫阶层的典型代表，颜之推以儒家积极
参与世事的态度，规劝子孙学以致用，勇于尽职。他在《省
事》篇中说:"谏诤者的目的是要纠正国君之失，必定要使
自己处在能够说话的地位，并且尽量尽到匡正辅佐的责任，
不可苟且偷安，该说话的时候却垂头塞耳，不闻不问;至于
侍奉国君，要万事适当，不要超越职权，如果干涉职责以外
的事务，就会成为罪人。"他还认为士人读书学问的目的在
于养亲、事君，戒除骄奢、鄙吝、暴悍、怯懦，这都需要体
会古人的所作所为，用学习的知识来指导自己的行动，无不
通达有效。在《勉学》篇中所述敬宣的故事，除了褒奖他
学以致用的精神外，另一个意义在于称扬他尽职护主的义
勇。敬宣本属北齐的少数民族，地位低下，但非常好学。当
齐将被灭，齐后主逃奔青州，派他去西边侦察被周军俘获。
周兵拷问齐主在哪里，他谎说齐主已经离开，估计应该出国
境了。周兵不相信他，就殴打他，每打断一肢，他的言语神
态更加坚定，最终被折断四肢而死。面对重刑拷问，敬宣

毫不屈服，这种义勇尽职正来自于他平素所读的"古人节义之事"。生命固然可贵，但当面对生命与士之职责相冲突时，则舍生以取义。他说，人固然要珍惜生命，但也不能为活命而苟且偷生。走艰难可畏之路，牵涉祸患之事，贪心纵欲以伤害生命，进谗言而导致被杀，这是君子所痛惜的。如果言行诚孝而被害，践行仁义而被罚，那么杀身而保全全家，为国家利益而牺牲生命，君子就不会指责他不珍惜生命。

在维护儒家对于士人的基本要求之外，颜之推还有更多的个人创见。如他强调反求诸己的力量，读书学习贵勤学博闻等。学识广博要追寻知识的本源，更是为了尽其用。关于郡国山川，官位姓族，衣服饮食，器物制度，都要追本溯源，使用起来才不至于出错。有很多人不重视文字，甚至在取名时犯错误，即使不出错误，也不知其所以然，一旦出错，会贻笑大方。如有人给儿子起名字，兄弟都用山旁的字，却也有用"峙"做名的，《说文》中有"峙"字而无"峙"字，这里所讲的是用山旁的"峙"字为错误用字，不可以用来取名；兄弟都用手旁的字，却有的用"機"起名的，"機"字为攤，而此字为民间俗写，不能用作名字；兄弟用水旁的字，却有用"凝"字取名的"凝"字为两点水，并不是三点水，将它当作水旁取名，亦不规范。这样的取名方式不去考察用字的来龙去脉,而取民间俗字,远离了字的本源,结果出了笑话。

颜之推身经世事乱离,如飘蓬般辗转南北,心中依然葆有炽热的儒家情怀,诚为可贵。

2. 孝亲事君各有行

颜延之的《庭诰》约成书于刘宋元嘉八年至十五年之间,距离《颜氏家训》成书约 150 年。这期间颜氏家族的发展经历了一个由高峰到低谷,又渐渐崛起的过程。颜之推在著《颜氏家训》时吸收借鉴了《庭诰》的治家经验,主要表现在写法和思想两方面。

在写法上,两种家训虽然一文一书,规模上有大小之分,但两者杂陈事理的结构方式、告诫子孙的写作目的是相似的。在材料的来源上,主要结合作者的人生经验和个人体悟表达个人感想,总结人与人相处的方法和看待人生的哲理。在语言表达上比较平易,有时因语气的急切而讽刺入里,体现出父辈的殷切之情。在思想上的继承主要体现在对儒家教义的共同认识上。如"安贫乐道"的治家理念在两著中,都强调如何看待物质与精神的关系,都继承了自颜渊以来安贫乐道的传统,闪耀着精神至上的理想光辉。颜之推在颜延之"屏欲"的基础上又加以发挥,《颜氏家训》中有《省事》、《止足》篇,充分论证了个人修养、为人处世的基本尺度。由家而国,仁厚爱民的人本主义倾向在两著中都有体现。关于个人修养问题,两著的观点也有相似之处。如都认为需要通过自省来帮助自己成长,谈生活环境对培养人的重要性时都引用了孔子有关"与善人居"的言论。可见,一百多年之间颜氏家族的家风大方向没有变。

《颜氏家训》一书在靖侯遗训和《庭诰》基础上给予家族影响最大的是对由孝及忠的强调。书中多处论述个人与君王、国家的关系,提到"孝亲"、"事君"的理念。如《文章》说:"不屈二姓,夷、齐之节也;何事非君,伊、箕之义也。"认为伯夷、叔齐因为坚守节操,宁肯饿死也不臣服于异姓王朝;任何君主都可以服待,这是伊尹、箕子的主张。春秋以来,君臣就再没有固定的名分,然而有道德的人,不应为了苟全生命就改变看法,应当慎重考虑。他试图探讨士人对君王的责任意识。他在论说信仰与造寺的问题时说:"求道者,身计也;惜费者,国谋也。身计国谋,不可两遂。"试图调和个人与国家的关系。他还说:"诚臣徇主而弃亲,孝子安家而忘国,各有行也。"他尽管没有主张一定要做忠诚之臣,但认为忠臣与孝子各有所行,关心国家与社会,就要关注人才,在那样的时代背景下有相当的进步意义。

3. 家风的清白相传

在两晋之际,颜含是颜氏家族指引家族发展的一位关键人物。他不仅带领家族随元帝南渡,参与到东晋王朝中央政权中去,实现了家族由地方到中央的权力过渡,他还以个人的德行和功业令家族在东晋站稳了脚跟,保证了家族发展的物质基础。颜之推对九世祖颜含的治家理论与知足理论完全接受,并以此再次训诫后人。从颜之推自身的经历看,他在实践中也是遵循了这一训导的。他所结姻的陈郡谢氏,在萧梁时期虽尚属文化世家,但势力已不再如东晋时炙手可热。在仕宦上他历仕多朝,所仕多为文化事务官职,既不辱世家之尊,又不致位高权重,秉承了儒家主张的中庸原则。颜含论江南诸士强调"正"、"清"、"节"三点,在《颜氏家训》中,同样强调清白传家、为官廉政、讲究节操,这些对于家族的长足发展及优良家风的培养有重要作用。

颜之推有一篇著名的赋作《观我生赋》,以文学化的手法,概括了自己艰难苦涩的一生,将自己的使命与家族命运密切联系在一起。《观我生赋》称:"作羽仪于新邑,树杞梓于水乡。传清白而勿替,守法度而不忘。"这概括的是东晋以至于南朝宋齐时期颜氏家族在建康发展的历史,"传清白"指家风清白,无论为官还是为学都清正纯洁,从未沾染当时甚为流行的奢侈之风和浮华之气。"守法度"指遵循传统礼法、礼义，从未逾越。家族世传《周官》之学，颜延之曾任国子祭酒，颜协、颜之推都曾任藩国常侍，皆与家传礼学有关。颜之推在入隋以后还曾参与过校定五礼的工程，实受益于淳厚之家风。

唐末五代，天下纷争，战争的残酷令颜氏家族遭受了多重劫难。不利的生存条件下，许多颜氏后裔被迫率领近支族人离开长安，辗转东移，其中颜子第四十五代孙颜文威率众隐居峄山，著书立说。随着天下渐趋平静，许多颜氏后裔才得以回归曲阜、长安、金陵等故地居住，但经过这样大的劫难后，颜氏族人大多处世低调。所以宋元明时，颜氏后裔身居高位者和正史所记名人贤士均明显减少，但其以儒学著称的家训思想和以忠孝治家的优良家风仍然在薪火相传，只是不如前代那样显赫而已。

《颜氏家训》体现出儒、道、释兼顾的思想倾向。东晋以来，江左世族既崇周、孔之教，兼循老、释之谈，颜之推亦有熏染，在《颜氏家训》一书中多处显现了作者的圆融变通的思维方式。《归心》篇目的在于寻求儒释二家的契合点，强调二教合一，显示了儒家对外来文化的消化与吸收功能。他在《终制》篇中嘱咐子孙，"那些佛经中的功德之事，应量力而行，不可竭尽生活资财，而使亲人受到冻馁，就太过分了。而四时对祖先的祭祀，是周公、孔子的教导，为的是让人们不忘记死去的亲人，不要忘记奉行孝道。如果从佛经中找根据，这就没什么意义了。用杀牲作祭祀的方式，反而会增加罪过。"调和儒、释二教不只是受到当时社会思潮的影响，也与颜之推个人的复杂多难的经历有关。一个秉持儒学的世家子弟从青年时期三次被俘虏，由南入北，历经多种政权，社会风俗的变易，所见人心忠奸的表现，反映在思想上形成了自我保护的模式，即深信因果报应，寄希望于未来。颜之推处在文化学术南北交汇、融合的旋涡中，善于调和儒、道、释各种思想，加以变通、融会，取长补短，生发出新的处世方略，不能简单地扣之以"庸俗人生论"的帽子。

正因为颜之推思维模式上的变通性，他对子孙的教育还显示出与以往不同的处世思路，即谙习世故、练达政事。这一点对后世文人士大夫影响至深。"夫立教观俗，贵处中庸，为可继也。"卢文弨在《颜氏家训序》中说："若夫《六经》尚矣，而委曲近情，纤悉周备，立身之要，处世之宜，为学之方，盖莫善于是书。"

（三）《颜氏家训》的垂范作用

颜之推作家训用意在于加强家族的内部联系，发展家族的文化，鼓舞子弟"务先王之道，绍家世之业"。基本内容适应了封建社会中儒士们教育子孙立身、处世的需要，提出了一些切实可行的教育方法和主张，以及培养人才力主"治国有方、营家有道"之实用型新观念等，继承和发展了儒家以"明人伦"为宗旨的"诚意、正心、修身、齐家、治国、平天下"的传统教育思想。因此《颜氏家训》的出现与隋唐时期颜氏家族的极盛局面有着直接关系，这部家训对中国古代家训文化影响深远。

1.隋唐颜氏家族文化臻于极盛

第一，太宗朝兄弟四人同朝为官。

《颜氏家训》对后代的影响延续到隋唐时期。在隋唐科举考试中，后人凭学识入仕，进入到官僚集团中。颜之推子孙中有的以学术成就闻名于世，有的则以政绩取得显赫声名，在道德、学术上都卓有贡献，可谓德艺并举，形成士大夫文人追求的两大高峰，至明清时期其影响仍不绝于世。

颜氏家族在隋代的势力虽较为单薄，但亦能积极参与政治。颜之推三子在隋朝为仕，各自发挥了重要作用。如长子颜思鲁曾与温大雅俱在东宫，思鲁之弟愍楚与温彦博同值内史省，愍楚之弟游秦与彦将典校秘阁。颜、温二家兄弟各为一时人物之选。颜氏与温氏同为文化士族，两家兄弟同在朝中为官，可以比较得知，在学业上以颜氏高出一筹，但在仕途升迁上，颜氏不如温氏。在隋末大乱中，颜氏三兄弟遭受了灭顶之灾。先是颜思鲁与颜游秦避祸关中，后颜愍楚遭遇战乱劫难，全家为乱贼所啖食。失去兄弟的悲痛令思鲁与游秦寻找时机为兄弟复仇。当李渊起义入关时，颜思鲁率子颜师古、颜相时、颜勤礼、颜育德等迎接李渊于长春宫，这是一次政治上的重要抉择，这一举动改变了颜氏家族的政治命运，在新的王朝中取得了较高的家族地位。

如果说这在家族发展中是第一步棋的话，那么在唐武德初年，隐太子与秦王、齐王相倾的斗争中，颜氏在政治舞台上第二次出演了重要角色。秦王与隐太子及齐王为争夺政权，纷纷招揽当世名臣来辅佐自己。站在当时秦王李世民阵营里的就有三位颜姓人士，其中颜思鲁与房玄龄、虞世南同为记室参军事，另有敦煌公府文学颜师古，参军事颜相时等。颜思鲁、颜师古、颜相时父子两代人与其他当时的文武众臣一起参与政治，帮助李世民战胜政敌，夺得皇权，促成了影响重大的"玄武门之变"，进一步形成"贞观之治"，在政治上的贡献可谓大矣。而当时同一个战壕中的其他人士如房玄龄、虞世南、杜如晦、褚遂良等，后来大多成为决定唐代兴衰的关键之臣，与他们的早期交往，无疑也会促进后来家族的发展。

颜游秦在唐武德年间为官颇有政绩。他曾任廉州刺史，封临沂县男。当时刘黑闼之乱初平，人多强暴寡礼，风俗未安，游秦到任后抚恤境内，敬让大行。乡邑村庄有人以民歌的形式歌颂他，唱道："廉州颜有道，性行同庄、老。爱人如赤子，不杀非时草。"当时的皇帝亲笔写玺书犒劳勉励他。颜思鲁之子颜相时不仅曾在秦王府中参谋，还是太宗朝一位敢于进谏的诤臣。贞观年间累迁谏议大夫，拾遗补缺，有诤臣之风，后来曾做到礼部侍郎。相时羸瘵多疾病，病中也不忘职责，随时进谏，唐太宗常派人前往赐以医药。颜相时天性仁友，兄长师古卒，他不胜哀慕，不久之后也离开了人世。当时同为谏议大夫的官员还有魏征、王珪、韦挺等，与刘洎、褚遂良等人成为唐太宗时期著名的极谏之臣。这种大胆进谏的气节除了与当时太宗提倡的风气有关以外，还与颜氏祖辈为官的传统有关。东晋颜含到刘宋颜延之再到北周的颜之仪、隋颜之推俱曾为谏官，都有这种谏诤的品性，说到底是一种儒家的献身精神。

至唐代中叶，颜氏家族在京兆共历六世，约 150 年，形成京兆名门巨族。之推生三子，长子颜思鲁生四子：颜师古、颜相时、颜勤礼、颜育德，这一代成为唐代子孙繁衍最为繁盛、文化成就最高的一支。唐太宗时，颜师古、颜相时、颜勤礼、颜育德兄弟四人俱为初唐俊彦之士。其中颜师古精于训诂,曾奉唐太宗命令撰修《五经定本》,在文字上统一儒学,为儒学的复兴作出巨大贡献。颜相时曾任礼部侍郎、天策学士。颜勤礼为秘书省著作郎,自幼聪明朗悟,识量宏远,工于篆籀,尤精训诂,曾于秘阁司刊定经史古籍。颜育德官至太子通事舍人,曾于司经局校定经史。四人所从事皆为文化事业。唐太宗曾经让人将自己服膺并受人尊崇的数位文学之士的形象描绘于墙上,供人学习瞻仰,其中就包括颜勤礼。皇帝还命秘监颜师古为这些人书写赞文,因颜师古与颜勤礼是兄弟,为避嫌不宜相述,只能另命中书舍人萧钧特为颜勤礼写赞,赞文称:"依仁服义,怀文守一,履道自居,下帷终日。德彰素里,行成兰室,鹤钥驰誉,龙楼委质。"兄弟四人同朝为官这一历史现象集中体现了颜氏家族在唐代历史上的卓绝贡献及重要地位,同时反映了家风的重要影响。

第二,科举入仕才望两全。

永徽六年的废后事件令颜氏家族遭受牵连,家族发展陷入低谷。颜勤礼原配殷氏,继配夫人柳氏,柳氏为当时的中书令柳奭之妹,而柳奭为唐高宗之王皇后之舅。柳奭另有一妹嫁于并州祁王仁祐,生女嫁给太子李治,李治即位后,封为皇后。永徽六年,唐高宗废皇后王氏为庶人,柳奭被罢免，颜氏家族也受到牵连。《颜勤礼碑》记载了这件事，颜氏子弟虽皆有学行，却难以像往常一样借助祖荫轻松进仕。此时的科举制度逐步成熟完善，给当时的文化世家创造了一条崭新的出仕道路，这当然难不倒素重治学的颜氏子弟。后来的颜元孙等人借助科举进入仕途，颜氏家族的家学积累在科举选拔制度下又一次显示了光辉。颜氏家族由曹魏时期兴起至唐，近六百年人文兴盛，家学积累日臻完备，对于隋唐以来科举考试更显示出优势。如颜元孙之子春卿、杲卿、耀卿、旭卿、茂曾各有美德嘉誉，赢得时人敬奉。颜惟贞之子阙疑、允南、乔卿、真长、幼舆、真卿、允臧等，不但能以才学入仕，其后的从政为官亦有不凡政绩，品行高尚，勤政爱民。天宝年间，颜氏兄弟在朝中的势力发展如日中天。颜允南在朝廷任左补阙，而颜真卿时任殿中侍御史，每当朝觐庆贺的时刻，登殿上朝的人除了宰相不过 30 人，其中就有颜允南、颜真卿兄弟二人同时在朝，可见颜氏所受宠遇。对此颜允南有诗写道云："谁言百人会，兄弟也沾陪。"唐肃宗批答称："才推翰苑，望重朝廷。昆弟成名，俱效忠节。"恰当地评价了颜氏家族的家风与成就。

第三，"卿之一门，义冠千古"。

在"安史之乱"爆发后，颜真卿、颜杲卿及颜季明等两代数十人首举义旗，为维护唐王朝的统一和人民生活的安定，立下了不朽功勋。颜杲卿之子泉明，当初从常山献捷长安，经过太原被节度使王承业留下，王承业派人赴长安冒领请功，而泉明被史思明军队掳至范阳，后得以释放。颜泉明在洛阳求得父亲的尸首，并觅得兄颜季明的断头，收敛以归。后来他又四处寻觅亲友，在河北访求到姑母之女张氏及自己的女儿，但因所带赎金有限，先救下姑母之女，等到筹足资金再去赎回女儿时，女儿已经无处寻觅。泉明只好继续寻找父亲麾下将吏之妻儿家属三百余人，一起找到颜真卿，并一一赡给周济。颜氏家族的孝义行为感动世人，这不能不说是千百年来家风的熏陶。

颜真卿写下了《祭侄季明文》（又称《祭侄文稿》）、《祭伯父豪州刺史文》，二文手稿现仍存于世间，其书法价值至尊至贵，从笔墨线条间仍可感受到一位长者心中的哀痛与悲愤，追寻到他情绪的起伏不平。颜真卿悲不自胜，一气呵成，不避涂改，一笔一画诚是血泪凝成。尤其是《祭侄季明文》作为行草精品，如结合忠肝义胆之精神来讲，此书远超王羲之《兰亭集序》。清人王澍说："鲁公痛其忠义身残，哀思勃发，故萦纡郁怒，和血迸泪，不自意其笔之所至，而顿挫纵横，一泻千里，遂成千古绝调。"国仇家恨集于一身，铸就了颜真卿后来的忠烈之举。

颜家人的功业，当朝皇帝也为之感动，对于颜真卿则多次予以称许表彰，如唐玄宗曾赐以诏书，谓"卿之一门，义冠千古"，又赞其"忠惟奉国，孝则保家；怀不二之心，秉难夺之操"。针对一个家族的赞誉实在是名副其实。

第四，门当户对的婚姻。

唐时的颜氏家族与士族通婚的大致范围，有陈郡殷氏、清河崔氏、河东柳氏、裴氏、岑氏、张氏、元氏、韦氏等当时著名的文化士族。在众多大族中又以与殷氏家族的联姻历史最久，长达七代。早在萧梁初年，颜协即娶殷氏，颜之推亦娶殷氏，颜思鲁、颜勤礼及颜昭甫、颜惟贞，再至颜阙疑连续七代皆娶殷氏，颜氏女亦有嫁殷氏家族者。颜氏、殷氏两家自南朝至隋唐世代联姻除了说明两家门户相当、地位般配之外，还说明两家族在学术家风上有相通之处。首先，两大家族都是传承儒学的世家大族。殷氏自南朝时以儒家学说称颂于时。以孝友称者，如南朝陈时的殷不害，唐之殷践猷、殷亮等。博学多识者，如北周殷英童官至御正中大夫，与颜之仪同为麟趾学士；唐殷闻礼，任太子中书舍人、弘文馆学士；又如丽正殿学士殷践猷；敢于坚持正义、刚正不阿者，如殷寅、殷季友等。上述人士的表现可证明殷氏家族谨遵儒学的道德规范，具备良好的家风家学，与世传儒学的颜氏有诸多一致，这就是两家联姻的文化基础。其他联姻的士族也多为世代官宦之家，由其子弟的仕宦来看，大多经由文化一途而由科举入仕,非由荫资。可见颜氏在唐代遵循的是门当户对、崇尚文化的婚姻观念。

一个有趣的现象是,尽管颜氏与琅玡王氏同来自江北的琅玡国,两个家族在最初兴起的时候也曾惺惺相惜,有过联姻。颜氏人士也曾与活跃于东晋南朝的谢氏家族有过密切交往,但自东晋以来至隋唐,再未见与琅玡王氏、陈郡谢氏的婚姻记载。与殷氏的联姻也是由齐梁之后殷氏势力下降开始的。整个六朝时期以及隋唐时期,颜氏都未与皇室联姻,这在当时的世家大族中不多见。颜氏家族的联姻对象大多起家于文化建树,子弟仕进多赖科举,如殷氏、裴氏、柳氏、岑氏都是这种情形。从联姻士族的地位来看,颜氏所联姻的多为当时的次等士族,这一方面反映了颜氏家族势力与中央政治关系的疏离;另一方面也反映了东晋颜含所作《靖侯族规》仍在发挥作用。

由颜氏家族的婚姻情况可知,当时家族重视姻亲的文化修养甚于政治地位、经济基础。这要求嫁入颜氏的女子有着良好的教养和品质,可以有效地实施对子女的文化教育,而这是维系家族发展的重要途径。如颜真卿之母亲殷氏,依靠父兄的帮助,担负起教育颜真卿兄弟的重任,颜氏兄弟的成就亦可以说是殷氏教育的硕果。又如《颜真定碑》载颜阙疑妻殷氏"仁亲友弟",有大家风范;《颜幼舆碑》载颜幼舆夫人"含风孤映当世"。嫁入颜氏的妇女德行高尚，对颜氏子弟的教育便有了良好保障。颜氏家族的女性也往往德才兼备，嫁入其他士族亦能较好地发挥教育子弟的作用。如颜真定"聪惠明达，发乎天性，孝仁敬让，迥出人表"，高尚的品德赢得了夫家的信任和称赞；在学问才华上亦相当出众，《颜真定碑》载"精究国史，博通礼经，问无不知，德无不备"，被武则天选为女史。颜真定的两个妹妹分别嫁入裴氏、岑氏，以其敢于坚持真理、不惜牺牲自己以救叔父的义行表现了大义凛然、刚毅不屈的美好品格。她们的人品对夫家也产生积极的影响，增加了颜氏家族的文化魅力。

2."人文风化之助"及于天下

《颜氏家训》集前代家规、家训之大成，记录了殷切的尊长期待，坚守着严肃的道德规范，包含了浓郁、细致、深远的人文关怀，对于颜氏家风的树立与传承起到了决定性的作用，可称之为中古时期颜氏家风再次振起的总纲领，为这个人才辈出的中古忠烈门第树起了一座不朽的家训文化丰碑。后代颜氏后裔，无论是聚居曲阜故乡，还是流寓江南各地，无不以家训为传家之宝，得之如获拱璧，忠义家风，赖家训而长久延续。

《颜氏家训》不仅是颜氏家风的经典体现，也是封建世族治家教子的教科书，在传统中国的家庭教育史上影响巨大，对中国古代家风建设起着指引方向的作用。颜氏家风推重德行，诸如恭孝传家、勤俭淡泊、好学博物、恪尽职守等各方面大致不出儒家道德规范，其理论建树在封建社会里独树一帜。受其影响，历代名人或有文化传承的家族，多注重总结个人生活经历及学术思想，以告诫子孙，形成著述，因而后来出现了各种家训、家规、家范。影响较大的如：北宋欧阳修的《示子》，司马光的《居家杂仪》、《训子孙文》，南宋袁采的《袁氏世范》，朱柏庐的《朱子家训》，明代高攀龙的《高氏家训》，清代曾国藩的《诫子书》等。这类家训无一例外以儒家的修、齐、治、平作为标准，用以指导子弟修身养性。宋代人陈振孙称《颜氏家训》为"古今家训，以此为祖"，被后世奉为"治家之圭臬，处世之轨范"，"卷卷药石，言言龟鉴"。直到明朝仍为人称道，袁衷在其《庭帏杂录》中说："六朝颜之推，家法最正，相传最远。"明代的东阁大学士张壁自述年幼时，父亲就是引此书来训诫自己，所以他说："乃若书之传，以提身，以范俗，为今代人文风化之助，则不独颜氏一家之训乎尔！"

《颜氏家训》反映了古代家风建设的主要精神在于为人诚信忠厚、在家尊老爱幼，待人真诚正直，做事勤劳踏实，生活节约朴素；注重以诗书传承后世，为后代留下文明的曙光。《颜氏家训》"明六经之旨，涉百家之书"，全书重点谈论家族存亡之道与个人修养之学，是在儒家教义的基础上又杂之以百家学问，实际以儒家思想为主导，根本在于孝悌，对待君王及与朋友相处，都与六经旨意相符，但不限于六经，也贯通了百家之说。当今社会同样注重人际关系，在私人领域中，要处理夫妻之间、父子之间、兄弟姊妹之间、妯娌邻里之间等几种关系，在公共领域则有上下级关系，个人与团体的关系，自身与国家的关系等，这一切关系的处理都由家庭这一基本的社会单元出发。在家做好个人角色，在社会上才可以扮演好社会一员。古代家训讲究树立家长权威，围绕着光宗耀祖、家族荣誉的角度展开训诫，有其时代意义。通过父母的言传身教，在家庭的理性与感性营造出的氛围中，把真善美的种子种到孩子的心中，把优秀的文化传统传承给孩子。

《颜氏家训》的教育重心在于育德，幼年立志、习礼、行仁、归仁，修身养性，立身治家，家国情怀深入人心，由家而国，家庭成员在文明、和谐、健康的氛围中发展，在社会上也能遵纪守法，最终实现治国安邦。

家风建设的精神不是哪一个朝代的事，是我国自古以来的传统，无论社会如何发达，如果缺失了家风的约束，一个人的成长将难以得到有效控制，社会有陷入无序状态的危险。因此在家风大热的今天，我们必须回过头来，找古代家训中的经典，审慎精选，去除糟粕，取其精华，为现代的家风建设再添新风。

四、翰博华府：家风不坠

（一）由陋巷至府第的华丽转身

在今天的曲阜孔庙大成殿内，孔子像前两侧，东西各有两座神龛，龛内有四尊彩塑坐像，分别为复圣颜子、述圣孔伋、宗圣曾参和亚圣孟轲。四像相向对坐，称为"四配"。颜子是列入孔庙配享祭祀的首席弟子，亦为四配之首。自汉高祖刘邦东巡过鲁祭孔时，曲阜即建颜子祠，其后经历代重修扩建，规模渐大。宋代之后，随着崇儒尊孔政策的施行，曲阜颜子祠为人所重，元初重建，后遭毁，元延祐四年（1317）迁至陋巷故址，明清之际改祠为庙，规格进一步提升，由原来仅供颜氏族人祭祀祖宗先贤之家祠，变为众人祭祀颜子的重要场所，遂形成仅次于孔庙的庞大建筑群，2001 年被国务院公布为第五批全国重点文物保护单位。山东曲阜作为举世闻名的文化旅游胜地，不仅因为有三孔，即孔庙、孔府、孔林，还因为有三颜，即颜庙、颜府、颜林。颜府建造时间较晚，距今不过五百年，那么颜氏后裔之前住在哪里呢？

距离孔府不足千米的东北方向，有一条长约数百米、宽则不足十米的狭长巷子，貌不惊人，实则历史悠久，足为一景，当地人称之为"陋巷"。其实这个名称早在两千五百多年前就有了，是孔子为之命名的。陋巷，原本指的是所居住的地方狭窄、简陋。早在春秋时期，颜路与其子颜渊及其他颜氏族人跟从孔子学习，就居住在陋巷。这里不见得就是他们的家园，也许只是为了跟随老师比较方便而临时迁就的居住地。但因为颜子的执着，这一住就是几十年，颜子的后人在这里断断续续居住了两千余年。颜氏人非但没有因为"陋"字而嫌弃这片土地，反而以"陋巷"为自家姓氏的标志，外迁子孙也多以"陋巷"命名新居之地，以示继承"陋巷风范"的初心。人人以陋巷为家，以陋巷精神为本，以陋巷颜氏人而自豪。

曹魏初年，颜盛因居官外任，率族迁往琅玡临沂定居，后为琅玡望族。东晋末年，因避战乱，颜含又率族南渡，定居建康（今江苏南京），成为江南百家侨姓大族之一。五代后周时，颜氏宗子辗转东移，回归东鲁，第四十六代颜承祐终于回到曲阜，也许是历史际遇，抑或是命运使然，沉寂了五百余年的陋巷又一次以博大的胸怀迎接了自己的主人。从此颜氏后裔中最杰出、最有历史积蕴的一支定居于曲阜。据记载，自元泰定三年（1326）颜子庙在陋巷故址新建，颜氏后裔便傍庙而居，仍袭用古称"陋巷"。

颜府，亦称颜翰博府，其址在曲阜颜庙东侧，陋巷以北。颜氏大宗户即颜子嫡裔长孙一直世居曲阜陋巷，负责祭祀并管理家族事务。复圣颜子嫡裔自明代正统年间始授世袭翰林院五经博士，为便于祭祀祖先，始于颜庙东侧建造博士府第定居，当地人习惯上称其府第为颜翰博府，简称"博士府"，俗称颜府。颜氏宗子住进了规模宏大、精美考究的华府中，尊享朝廷的俸禄与御赐珍品，同时还有大量私田、庙户、洒扫户、佃户供其役使，有丰厚的租赋供其开销，宗族子孙嫡裔不必从事差役、徭役，他们过上了钟鸣鼎食、锦衣华服的贵族生活，那么翰博府第的主人们还维系家风吗？答案是肯定的，正如先祖颜子贫如富、贱如贵的生活态度一样，历任翰博并没有因为物质的丰饶、地位的上升而改变对理想的坚守。他们身在华屋与偏居陋巷一样有着坚定的信念，要将陋巷精神传承下去。颜府由于其重要的地理位置和特殊的功能成为全国各地颜氏宗亲追寻向往的家。

复圣庙门前有复圣庙坊，两侧有东西二石坊，西为"优入圣域坊"，东为"卓冠贤科坊"。其南即陋巷，巷口立一

修复后的颜府建筑

陋巷坊

坊，题曰"陋巷"。

每当夕阳西下，晚霞映照着碧瓦红墙，余晖洒满了那条窄巷，东西两坊像两位巨人守护在陋巷与华府之间，温情脉脉，仿佛还在倾诉着一段持续了两千五百余年的传说。

（二）《陋巷志》睦宗收族

明代人所修《陋巷志》是一本世家家族志，以颜子所居地"陋巷"命名，与孔氏家族志《阙里志》性质相同，都是以圣贤家族历史为对象的专门志书。它全面深入地整理了颜氏家族的历史，弘扬了家族文化，成为近四五百年来颜氏人收族睦宗的法宝。它表达了颜氏族人同心慕谊、尊祖敬宗的理念，由数代翰林院五经博士牵头编纂，请社会名流作序修订，历经数百年才得以付梓，是颜氏家族的富贵精神财富。也正是这种家族氛围，才孕育了礼让、谦恭的家风。

1.同心慕谊，尊祖敬宗

颜氏家风的一大特点是宗族的凝聚力极强，由唐代渐盛，经宋代、元代至明清两代，宗族意识日益鲜明，随着家族的确立，家族规模的扩大，家族支派的增多，居住地的不断迁徙，族人对郡望的向往，对祖先的追慕愈加热切。直至今日，颜姓人无论身处何方，都是风追颜子，心向曲阜。中国古代社会起自宗法，家族结构是最基本的社会单元，而维系这一单元的意识形态即是尊祖敬宗，这种意识越到封建社会后期越明显，足以引起全社会的注意。班固曰："宗者何谓也？宗者尊也，为先祖主者，宗人之所尊也……族者何也？族者凑也，聚也，为恩情相流凑也。"颜子，是颜氏宗族之至尊者。颜盛迁琅玡，成为琅玡颜氏的始祖，至颜含振兴家业，制定家规，两者同为宗人所尊。同族的人因为血缘相近，多聚居共处，共同缅怀远祖，追念族中豪杰，因而加强了宗族意识。

早在六朝时期，颜延之就表现出了比较明确的尊祖敬宗的观念。《右光禄大夫西平靖侯颜府君家传铭》是颜延之仅存的一篇铭文，也是天下颜姓人借以了解先人事迹、增强宗族向心力的重要资料。铭中所主要追述的是颜氏祖先：始祖颜子，远祖颜盛，近祖颜含。铭文对祖先无比崇敬，一一列举祖先伟业，由春秋时的颜渊颜阖到战国时的颜斶，再到秦汉魏晋，人物事绩叙述更加详细，梳理了家族发展的主线，基本符合历史实际，而不是虚言浮夸，由此可见，颜延之对颜氏家族具有鲜明的尊祖敬宗意识。尊祖敬宗的意义，即在凝聚族人的精神意志，以巩固宗法组织。对于族中名人伟人感念不忘，用以提振族群精神，进一步积极修德进业，最终达到收族的目的。

颜之推对祖宗对故土的崇敬同样伴其一生。颜之推生遭多劫，流离失所，播越他乡，然而无论他身事蕃府还是在远离故国后他无时不在思念故土，时刻记着要返回祖先所居之地。他在《观我生赋》中描述了先祖随晋南渡之事："吾王所以东运，我祖于是南翔。去琅邪之迁越，宅金陵之旧章，作羽仪于新邑，树杞梓于水乡，传清白而勿替，守法度而不忘。"离开琅玡，定居建康，颜含年高德劭，为家族树立了楷模，后来在这里又出现了一代一代优秀人才。南齐末年，颜见远殉齐而死，颜协守父志而终身事蕃。颜之推强调："祖考之嘉名美誉，亦子孙之冕服墙宇也。"不断对先祖的优秀品质学行予以夸赞，用以教育鼓励后人。家风多亮节，营造了真善美传递的有利氛围，是培养良风美俗的重要环境。家族传承清白家风从来没有中断过，遵守家族法度成就了一个世族高门独特的文化系统。

颜之推的《颜氏家训》是令颜家人聚宗收族的第一本书，但不一定是最早的家族训诫。早在春秋时期，颜氏子弟追随孔子身通六艺者就有 8 人，而颜路、颜渊父子最为刻苦努力，历尽艰难险阻，从来不言放弃。父子之间有相承之轨迹，后代家族的传承也必有指导教训之语，家风才能得以不辍。正如张一桂《重刻颜氏家训序》说："意其家庭之所教诏，父子之所告语，必有至训焉，而今不及闻矣。不然，何其家之同心慕谊如此邪？嗣后渊源所渐，代有名德，是知《家训》虽成于公，而颜氏之有训，则非自公始也。"在《颜氏家训》成书之后，整个家族有了共同的精神追求，颜氏文化也更加发扬光大。

颜真卿的《世家谱序》及亲撰的近10种颜氏碑铭同样是梳理家族脉络、弘扬家族文化的文献。系统明晰地记录颜氏家族名人伟业的家族志起源于明代。明代人刘濬所编的《孔颜孟三氏志》是较早保存颜氏家族发展史的重要资料。全书共分六卷，卷五为《复圣颜氏志事类》，记载颜姓的姓氏源流、出处事迹，记载颜氏庙宇、林墓、历代封谥诏旨赞文诰勅、历代主祀宗子特授恩典、历代祭文、历代题咏、历代修建庙宇碑文等，整理并保存了许多与颜氏有关的资料，具备了家族专志的雏形。

颜氏家族的谱乘撰述历史悠久，世系清晰，尽管经历过永嘉之乱谱牒丧亡的厄运，仍有家族中人将基本的脉络发展记录下来。特别是唐宋以降，族谱、家谱编撰较为完备，谱牒历历在目，严谨周详，这些资料是颜氏家族成为文化世家的标志之一。

2.《陋巷志》与历任颜翰博

　　《陋巷志》成书几经周折。弘治十八年（1505）孔氏家族志《阙里志》编成并刻版印行。次年，侍御史曹伯良来到山东视察，拜谒颜子林庙，得知颜氏无独立家志，倡议依《阙里志》例编撰颜氏家志。颜氏 61 代嫡孙、翰林院五经博士颜公鋐马上响应汇集资料，草创初稿，主要包括颜子事迹、后代所作诗文等，由侍御史郑州曹伯良题"陋巷"为志名，以纪念颜子所居之地。后来又请提学副使陈镐修审编定，编次成书，凡四册八卷，其义例遵从《阙里志》，表明颜子与孔子同道，其家族后裔亦谨随其后。这是陋巷颜氏的第一部家族志。历时 3 年，书稿完成，又请陈镐作序，序中引周俗以阐明此志之风励意义，自此《陋巷志》手稿由颜氏宗子世传。嘉靖二十九年（1550）第 64 代嫡孙博士颜嗣慎对《陋巷志》手稿作了第一次增补修订，并请时任滋阳县儒学教谕的费增按名核实，补缺订谬，去冗删繁。万历二十八年（1600），巡按山东监察御史杨光训在曲阜展谒庙廷，又信手浏览陋巷旧志，认为应有相应规模，于是召见颜子第六十五代嫡长孙博士颜胤祚商讨编次一事。颜胤祚早就在思量此事，听到上层官员的吩咐，当然高兴，马上放下手头的所有事务，专心搜寻所藏家乘，大加厘正，针对旧稿作了第二次修订编辑。御史杨光训又续编辑之，又根据故里遗迹，绘制地理图像，增编了《像图志》，使颜氏林庙的地理位置及结构布局得以直观呈现。曾为当朝帝王讲课的国史副总裁太子太保于慎行对修订稿进行删繁补阙，加工润色。经过众多饱学之士的增订修辑，全书更加系统整饬，《陋巷志》得以定稿，万历二十九年（1601）刊行于世。明崇祯十四年（1641），由海盐人吕兆祥捐资刊印第二版，易以己名，题"海盐吕兆祥重修，裔孙颜光鲁参考，颜绍统订阅"。所载增加了历代崇祀典礼，像图志部分增加了唐人所画《退省》、《从行》诸图。

清乾隆初年，由七十一代博士颜怀禋主持刊印第三版。民国二十至二十四年，七十七代嫡裔奉祀官颜世镛主持刊印第四版。历次增订内容，主要是将后世宗子代系、人物事迹、后人墓铭、闻人名士所作赞颂诗文等补续入书，其余仍遵循万历旧版，内容增补不多。这种情况应该与清代官方不重谱学有关。清代因为君主出自满洲部族，而又忌讳汉人在族谱中寄托其民族思想，曾一度诏谕删改一切家谱之僭妄字句，文人多惧怕陷入文字狱而避讳撰著寄寓民族思想的谱牒，致使谱牒之学殆绝，因而四库全书总目不载谱系一门。由于这一时代原因，《陋巷志》的编辑、增补、刊印受到了限制。

影印明刻本《陋巷志》

《陋巷志》成书后,历代名人为之作序题跋者甚多,综合各版本流传下来的有正德年间陈镐序,李逊学撰《陋巷志后序》,万历年间杨居寅撰《刻陋巷志旧序》,方沆撰《刻陋巷志旧序叙》、杨光训《陋巷志叙》、于慎行《陋巷志叙》、吴达可《题陋巷志跋语》,还有嘉靖年间史鹗序等。

《陋巷志》共四册八卷,分五大部分:序言、像图志、世家志、恩典志和艺文志,较全面地记载了颜氏家族的起源、颜子生平及研究、颜氏宗族繁衍与迁徙、颜氏文物遗存、文化成就、历代颜氏闻达列传、历代恩赐、复圣言行、重要历史文献诸多事项。

卷首列先师衮冕像、退省小像、从行小像、杞国公衮冕像四幅人像。坊间传说《先师退省小像》、《先师从行小像》二像出自唐画家吴道子手笔,描绘了颜渊退而省其身的形象和跟随孔子亦步亦趋的形态。由《论语》对颜渊的描绘,人们总以为他是身形单薄、弱不禁风的样子,《史记》更说他29岁,头发变得花白,牙齿开始掉落,还有高度近视,但在二像中,颜子或坐或立,神色从容,体态适中,可见在唐人眼中,颜子是一个健康优雅的青年人。《先师衮冕像》与《杞国公衮冕像》以金代像为依据,冕九旒,服九章,面容肥腴,体态壮硕,俨然王者,寄托了后人对颜子及其父亲的美好愿望。

《陋巷志》为家族志，体制仿《阙里志》而不逾矩。书
中图文并茂，规制严整，每一种体例前有序，后有论，评论
精当，文采斐然。各志所采集的资料均来自正史或古籍碑
刻，不虚美、不夸饰。据此一书既可了解历代对颜子之崇祀
褒赠的家族荣耀，亦可以把握历朝为维护统治而崇尚儒学的
历史真相。此志的酝酿与成书以及历次修订，先后有 7 任颜
翰博辛苦付出半生心血，他们的引领与奉献，令家族拥有
了一份具体而详尽的文献宝库，成为家族睦宗收族的精神
法宝。

3.碑匾艺文述祖风

颜氏家族在明代以后地位上升，无论是在曲阜故里的赐
第宗子，还是散居在全国各地的颜氏后裔，大都宝其家训，
维系家风，受到了当朝或后人的赞美。

颜子第六十四代孙博士颜嗣慎曾于万历年间重刻《颜氏
家训》，时任翰林国史修撰的张一桂在序中评价，嗣慎行事
为人遵守家训，能"禔身好礼"，从而认为颜氏之裔足以为
四方之楷模。翰林院修撰于慎行也为家训题后叙，称嗣慎
"醇雅而文，通达世故，能世其训者也"。四明人戴洵为博士
颜嗣慎立"世恩堂"匾。

第六十五代孙博士颜胤祚亦非常看重家训的传承、致力于家族志的编辑，曾为复圣庙立"退省堂"匾，纪念先人的事迹，警醒后人进行思考。颜胤祚曾重刻颜真卿的《鲁公文集》及《多宝佛塔字帖》。他的为人得到当时许多名人的赞誉。主事吴谦为博士颜胤祚立"克复轩"匾，以赞美他像先祖一样克己复礼。他任翰林院五经博士期间，曾热情款待顺天府通判谭好善，谭因而为他立匾"东壁挂床"。金事邵以仕为他立匾，称他"义高夷齐"，将他的高洁品行比作伯夷叔齐。御史连标为他立"象贤复圣"，御史吴达可立的是"卓有祖风"，御史赵之翰为他立的是"克肖前人"。于慎行在《陋巷志》题的序中曾称赞颜胤祚博士"绍隆祖武，躬夷齐之让"。

第六十六代孙颜伯廉，德行美好，户部主事董则喻为博士颜伯廉立匾"不愧家声"。监察御史为他立"世守箪瓢"匾，山东巡按陈于迁为他立的是"千秋贤裔"匾。这些匾额都指出颜氏子孙继承家族良好传统，世世代代奉行颜子美德的家风特点。

流寓在外地的颜氏后裔十分珍重《颜氏家训》，现在能看到的如万历年间茶陵平原派第三十四代孙颜志邦为重刻家训所作的序及跋；另有睢宁颜广烈所作序，安福颜如环重刻家训序，楚地沔阳颜星所作序，汝宁颜邦城三刻黄门家训

各地颜氏族谱

小引等。这些由颜家后裔所作的序跋，表达了后人对先人的崇敬，并申明了绍继家风的决心。清代以来《颜氏家训》一书为各大家竞相翻刻，又有诸多名人为之写作序、跋、题记等，进一步传播了颜氏的家训文化。

4. 世袭博士好礼让

博士一职，掌通古今，早在战国时即设立。汉武建元五年，初置五经博士，东汉、魏及西晋仍设置此职，晋元帝末，改称太学博士。唐代国子监置五经博士各两人，正五品上，可见五经博士之职由来已久，有着很深远的文化意义。唐初武德时，高祖设立翰林院，后逐渐演变为草拟机密诏制的重要机构，入选翰林院成为读书人最为荣耀的事情，社会地位比较优越。明代翰林院五经博士，初置五人，各掌专经讲义，后来专用以优给圣贤先儒后裔世袭，为正八品。继明代朝廷崇儒重道的政策之后，清朝的统治者继续对圣裔世家施行优渥之道。顺治三年，恢复孔、颜、曾、孟四氏圣贤后裔为翰林院世袭五经博士，正八品。顺治三年，改授内宏文院世袭五经博士，后又改授翰林院五经博士，传承有序，一直到民国时期才改授为奉祠官。

博士子弟应承袭之人，必须读诗书、识礼义，否则滥膺承袭，有玷先贤先儒。承袭之人必须年满15以上，并由衍圣公及该地总督和巡抚查明系本支嫡派子孙方可。承袭之人还要考试四书文一篇，做到文理通晓，才能照例注册。到袭职之时还要上奏朝廷，朝廷给予特殊优遇。若成绩不合格者则将送监肄业三年，才准予其承袭博士之职。如年岁偏小，咨部暂行注册，直到年满15时再送部考试。若无应继之人，则另择亲友暂行主祀，一直到应继有人。颜翰博的承袭就有过数次因承袭人年幼由他人代袭的情形，等承袭人长大后再让职。如果某翰博病故又无后，则照兄终弟及之例，由弟世袭翰林院五经博士。

天顺六年（1463），特授颜希仁长子颜议为翰林院五经博士。此后复圣公子孙嫡裔世袭翰林院五经博士，历经明、清两代，除颜希惠外，共23位宗子承袭翰林院五经博士（另有两人曾被改授内宏文院五经博士）。颜氏亲族裔孙繁衍日众，人口众多，分支越来越复杂，宗族内承袭宗长制，即每代以颜子嫡长孙继嗣为宗子，主持奉祀。因此颜氏世系多而不乱，记载清晰。

第六十五代嫡长孙颜胤宗早卒，其子尚幼，由其弟颜胤祚代袭翰林院五经博士，主奉祀事。待兄子颜伯贞年满15岁并经过考核通过之后，让出博士一职，由颜伯贞承袭。第六十六代嫡长孙颜伯贞袭博士后因早卒，由其弟伯廉代袭博

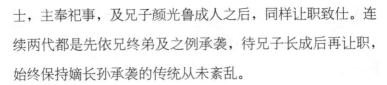

士，主奉祀事，及兄子颜光鲁成人之后，同样让职致仕。连续两代都是先依兄终弟及之例承袭，待兄子长成后再让职，始终保持嫡长孙承袭的传统从未紊乱。

第七十四代嫡长孙颜振佑，字启愚，承袭翰林院五经博士，主奉祀事。嘉庆十三年（1808）早卒，无子。颜振吉因兄早卒，依兄终弟及之例于清嘉庆十九年（1814）五月代袭翰林院五经博士，主奉祀事。咸丰三年（1853）文宗皇帝驾幸太学行取颜振吉博士陪祀，赐墨，赐貂皮，但颜振吉无子，世袭博士又传回到嫡长孙一派下。至此，大宗户翰博府颜懋衡后裔已无传人。颜振吉夫人为使颜氏嫡脉有继，由六十九代颜懋行派下颜锡璋之孙颜振淇长子颜承泽入嗣，袭翰林院五经博士；因颜承泽苦恋生身父母，再易颜振淇次子颜承裔入嗣，袭翰林院五经博士。

颜氏嫡裔世袭翰博主要以血缘论为依据，确立嫡子继承制。在封建宗法社会中由嫡子继承父位，其基本原则是："立嫡以长，不以贤；立子以贵，不以长。"颜氏嫡裔世袭博士历经两个朝代近 500 年，除第一代承袭短暂混入非嫡长孙之外，别无混乱迹象，呈现出一派融洽和平的气象，不能不说是儒学世家千年积累的功绩。于慎行曾称赞颜胤祚博士"绍隆祖武，躬夷齐之让"，用之评价颜氏其他数代博士礼让之行亦不为过。

（三）具体而微的《颜氏家诫》

《颜氏家训》自产生后对家族内部的家风树立起到了关键作用。后来此书由家族内部流传到社会上，对众多世家大族发生了重要影响。尽管历经千年，无数颜家支派也有了家规、家训，但治家宗旨、教育子弟却总绕不过《颜氏家训》。清康熙年间颜子第六十七嫡孙颜光敏又撰写《颜氏家诫》四卷，对颜氏家风起到了巩固强调的作用。

1. 承传忠孝

颜光敏的祖父颜胤绍殉明而死，父亲颜伯璟是前明遗民。颜光敏平生广交贤豪志士，如曾倡导"天下兴亡，匹夫有责"的顾炎武、坚守气节的抗清志士屈大均等，因而本人亦具有浓厚的民族意识。他多才多艺，不仅工于诗文，有《乐圃集》、《旧雨草堂诗》等集，还擅书法，精音律，曾为顾炎武著《音律五书》题签。他通算学，善鼓琴，还长于骑射，善于踢球，爱好广泛，与王士禛、施闰章、朱彝尊、宋琬、徐乾学等文人名流相交甚厚。《颜氏家诫》的眷稿本仍存于世，藏曲阜师范大学图书馆，此稿本曾经过顾炎武勘正，嘉庆年间由阮元亲自校订并作序，评论本书说："训辞深厚，文义朴茂，知其忠孝所由来久矣。"

2."有光于复圣"

《颜氏家诫》分敦伦、承家、谨身、辨惑四部分，其篇幅相比《颜氏家训》要短一些，但其内容更为集中，结合时代的发展对子孙的训诫更为具体细致，也更具备可操作性。与颜氏以往的家训一致，在家族教育规范中对德行的推重主要集中在个人修养、家庭道德、国家观念等几个方面。《颜氏家诫》首篇"敦伦"即围绕敦睦人伦之旨，论述了忠孝、孝悌的理论根基与实践法则。如论孝悌，"刻意孝弟反致责备无已，动心忍性正在此时，一不能制，前功尽失，犹然一流俗之人也"。他不仅指出孝悌的实质，还加以具体指导，认为兄弟间不可因富贵而互相骄纵、忌妒，各个小家庭之间应坦诚相待，相互信任，须开诚布公。一旦有疑惑得不到解释就会处处生疑，当然就会失去家族共处的乐趣和意义。卷二为"承家"，即承继家业应遵循的原则，认为凡事要检视自身，不可畜优童，不做无益害有益，不贵异物贱用物，不可以玩物丧志等。特别提出婚姻选择的要求，"凡择姻家须

顾炎武勘正《颜氏家诫》手迹

醇厚勤俭，闺门严肃者为可，若利其富厚，是先教子以不肖也"。在婚姻观念上可以看出上承颜含《靖侯族规》的信息。由明清两代大宗的婚姻情况可知，颜氏无论娶妇还是嫁女，所选择的对象绝大多数为缙绅之家，而不会选择单靠势力富贵立足的家族。卷三为"谨身"，即修身养性，包括博施济众，汲引后进，节制酒食等，甚至吃饭的小细节也一一进行嘱托，如他写道："勿过开口防脱颐，含哺勿语防错喉，勿嚼刚物防伤齿，食鱼勿倾防鲠。嗅花勿近蕊，防小虫入鼻；物非食勿内口，防下咽。"真是事无巨细，苦口婆心。卷四为"辨惑"，破除成见，辨析讹误，既考辨过孟子受业于子思、汉祖约法三章、荆轲刺秦王等事关历史进程的重要事件，又解析过诸如"岱宗大何如"等用辞小事等，还对乡间种种愚昧陋习加以驳斥，其去伪存真的力度不亚于《颜氏家训》中的某些记述。他在书中还举自己的父亲颜伯璟的事例来强调清心寡欲、甘于淡泊的重要性。可以说《家诫》比《颜氏家训》具备更强的可操作性。总的讲是教子弟谨守淡泊家风，不可贪求物欲享受。清代官员刘湄为本书题跋，称："《家诫》四卷与北齐颜黄门《家训》一书，均有光于复圣，可并传也。"

五、颜氏名人小故事

（一）颜斶拒齐宣王

《战国策》记载了一件趣事，齐国高士颜斶（一作斀）原本隐于深山，齐宣王派人接他出山并亲自接见他，但接见时高高在上的齐宣王要他上前，颜斶反要求宣王上前来迎接自己。双方互不相让，争执起来，关于谁尊谁卑、谁该上前的问题，王与士之间展开了激烈的辩论。颜斶不顾宣王左右的威胁，勇于抗争，公然声称"士贵耳，王者不贵"，并援引史实，据理力争，语惊四座。齐宣王十分敬服，以美食车马、功名利禄相邀，请他留在齐国，颜斶却一口回绝，表示："晚食以当肉，安步以当车，无罪以当贵，清静贞正以自虞。"后世评价他："斶知足矣，归真反璞，则终身不辱。"颜斶的言行维护了士的人格尊严和特殊地位。

（二）颜斐与司马懿的较量

颜斐不仅为官清廉，还敢于坚持正气，不畏强权，为民请命。青龙年间，权臣司马懿统率大军驻扎关中，在长安设立军市，与百姓交换所需物品。京兆一地本有"尉"掌管军事，但当京兆百姓遭受当地驻兵侵扰时，尉管不了，由太守颜斐出面协调。颜斐不惜得罪宣王司马懿，告知以实情，宣王乃发怒召来负责管理军市的官吏，并在颜斐面前打了一百大杖，以示惩戒。当时长安典农与颜斐并坐在堂上，他认为颜斐在这种情况之下应该对宣王表达感谢，就私下里给颜斐示意，颜斐虽明白他的意思，但始终没有张口，不肯向司马懿致谢。事情过后颜斐对长安典农解释说："我看到明公司马懿受分陕之任，是想要一齐从庶，并不会偏向哪一方。而典农在堂上给我示意，让我当面感谢明公，但我没按您的意思去做。假令我真的向他称谢，这样反倒更不称他的心意了。"颜斐真可谓懂得司马懿的用心，司马懿也因此更加严格地对待官吏军士，绝不容许有扰民之举。颜斐能很好地把握分寸，揣摩他人心理，显得十分准确得当。从此以后京兆一地驻军是驻军，郡县是郡县，军民互不干涉，各得其分，显示了颜斐为人正直、执着的优良品质和果断英勇的非凡智慧！

（三）孝感上苍的颜含

1952 年，中国考古史上有一次重大发现，南京老虎山晋墓群中发掘出五座东晋贵族墓穴，由墓中出土的官印，可以明确此为东晋西平靖侯颜含及其子、媳、孙等 5 人之墓群，这一考古发掘与颜之推在《观我生赋》中所写的内容完全吻合。其中一位墓主人颜含是两晋时颜氏家族历史上最为著名的人物。

颜含，字弘都，年少时即有操行，因为纯孝而闻名于世。他的长兄颜畿得急病而死，在送殡过程中，棺木发出异响，颜含坚持要求打开棺木，发现长兄死而复生，于是将长兄送回到家中。但长兄只有一丝气息，生活全靠别人照料，于是全家人齐上阵，为挽回颜畿的生命，放弃了家族所有的产业。经历了长年累月的照料，兄长的病情并无起色，母亲及兄妻都有倦意了，颜含却躬亲侍养，从不言放弃。史书称其"足不出户者十有三年"，多次拒绝官府的举荐，没有出仕。在此期间，他一方面照料长兄，另一方面也在积累学养。颜含的父母与两个哥哥相继病故后，他的二嫂樊氏又因病失明。颜含侍候二嫂像侍候母亲一样，每日的药馔自己先尝过再喂给嫂子，每天察问息耗，一定要穿戴整齐，礼节毕具。医人开具的药方，有一味药为蚺蛇胆，颜含一家四处寻找却无由得之。颜含为此长日忧叹，苦于无处寻觅。传说有一天，他在白天独坐于空堂之上，为药引子的事发愁。这时忽然有一位身着青衣的少年走了过来，他手持一只青囊，客气地对颜含说，您家里有位病人，必须此药引才能起效。少年将青囊交到颜含手上，颜含打开一看，原来青囊之中装的正是蚺蛇胆。再一抬头，只见少年从容地走出了门户，化为一只青鸟飞上了天空。颜含来不及细究，连忙将蛇胆加入药中，请嫂子服下，不几天，嫂子的眼疾就恢复正常了。人们传说颜含的恭孝之心感动了上苍，这个故事被东晋著作郎干宝收入《搜神记》中，加入了许多神异色彩，今天看来有些荒诞，但颜含之精诚是毋庸置疑的。正史记载，权倾一时的富豪石崇非常敬重颜含的淳行，赠以甘旨，但颜含谢而不受。"孝"、"悌"二字维护着家族内部的人际关系，同时保障了社会秩序的稳定性，是家族伦理乃至人文大厦的根基。

颜含以孝道教育儿子，史称"三子并有声誉"。颜含为髦、谦、约三子的命名也包含着对他们的期待，"髦"指髦彦，期望儿子成为英俊杰出的人才；"谦"、"约"具指儒家所倡的谦逊待人、简约修己等优秀品质。颜髦秉承了家族文化的基本精神，在恭孝之行上尤为突出，保持严整端美的仪状风貌，为时人所崇仰。大司马桓温感叹道："颜侍中，廊庙之望，喉舌机要。"据李阐《颜含碑》记载，颜含年老时，"长子髦解职视膳，中子谦躬率田桑，中外莫不取给，阖门静轨二十余年"。李阐《颜含碑》还记载了颜含后事的灵异，进一步突出了颜含及其三子的孝行效应。颜含九十三薨。按照礼仪，死后停枢在殡，邻家忽然失火，颜含的三个儿子扑倒在棺枢上号啕大哭，不愿离开，情愿与棺枢一同化为灰烬。仿佛孝心为上天所感，火焰燃烧到棺木周围，一下就熄灭了，颜含的棺枢与三个儿子都安然无恙。有人评论说："君平生素行，既感达幽灵，终殡在堂，又获福异，岂神祇保佑以显淳德乎？"这是讲颜含年轻时敬事其兄嫂和身后福报之事，认为是神祇保佑而彰显其淳德。颜含一生敬慎不懈，忠于职守，言语谨慎而能切中要害，天子赐其谥号"靖"，后世称"靖侯"。

自颜含率族南迁建康定居长干里颜家巷之后，颜家有七代人葬在江宁白下。20世纪的老虎山晋墓考古发掘证实了史传中有关颜氏记载的可信。自颜含始，七叶皆以忠孝名世。颜含等人的所作所为，符合当时"以孝治天下"的社会标准，从而为家族的发展获得了良好的社会声誉。

颜含祖先便以恭孝传世，他本人又以孝悌知名，三个儿子髦、谦、约勤勉有功绩，体现了这一家族长久以来的文化特征和家风特质，孝悌之风得以延续下来。

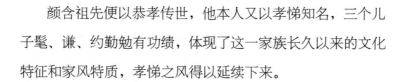

（四）颜氏不肖之子

在父子相继的家风传承过程中，也不是没有特例，家族中自然也有不肖之子。颜延之曾宣称颜竣继承了自己"笔"的才能，承认他的大手笔才华，并予以鼓励。然而当他见识到长子为虎作伥、渐生骄态时，他又极尽揶揄讽刺之能事，不受颜竣的奉养。颜竣富贵后，宾客盈门，有一天早上，颜延之到颜竣那儿去，等候在门外求见颜竣的人成堆，颜竣却安然高卧，还没有起床。颜延之见状，勃然大怒说："你是出身于粪土之中的人，好不容易升到了云霄之上，就立刻骄横傲慢到如此地步，怎么能够持久呢？"颜竣却坚持他自己的生活方式，出行时的仪仗队声势浩大，颜延之在半路上遇到，连讽带刺地说："我平生不愿意与要人打交道，今天偏偏遇见你！"于是他掉头就走，故意回避。看到颜竣建私宅，富丽堂皇，颜延之告诫说："好好地盖房子，不要让后人耻笑你笨拙无能！"刘劭弑帝自立后曾向颜延之追究颜竣撰写檄文之事，颜延之从容答道："他连我这当父亲的都不放在眼里，怎么能敬重您呢？"后来颜竣因"讪讦怨愤"被宋武帝刘骏治罪而死。

差不多同时代的颜师伯在刘宋政权中地位颇重，仕途上备受恩宠，官居显赫。但是颜师伯由于居权日久，逐渐迷失了自我，最终招致杀身之祸。颜竣与颜师伯在刘宋王朝均位极人臣，显赫一时，但最后都以悲剧结束，这在家族发展史上是一个不多见的例子，也证实了靖侯族规的预见性。颜竣与颜师伯两人的悲剧，体现了特定历史阶段中家族发展的变奏旋律，也活生生地演出了一幕悲喜剧，真如后代戏剧《桃花扇》所唱的那样，"眼见他起高楼，眼见他宴宾客，眼见他楼塌了"！

（五）女史割耳鸣冤

唐代的书法大家颜真卿出身名门，他的父辈个个功垂千秋，他的几位姑姑也不同寻常。颜氏女多嫁入门当户对的文化世家。如颜真卿的伯姑为唐御史大夫张知泰之夫人；二姑母颜真定为钱塘县丞殷履直的夫人；还有两位姑姑分别嫁给宜芳令裴安期与司业岑献。无论张氏、殷氏、裴氏，还是岑氏，在唐代都是地位显赫的名门望族，各家都是出将入相。

颜真定不仅相貌美丽端庄，而且天生聪慧明达，自幼接受家学熏陶，同家族中诸兄弟一起读书习字，对《礼经》一书尤为精通。后来她以才学闻名，被武则天选到宫中担任女官。颜真定对幼年丧父的颜真卿十分照顾，童年颜真卿的书法就由姑母启蒙。她的叔父颜敬仲曾任吏部郎中，从五品上，但因敦厚正直反遭当朝酷吏诬陷，被判死罪。颜敬仲子女尚幼，妻子多病。面对强大的仇敌，颜家人想尽办法也不能相救，无不心急如焚。颜真定挺身而出，她率两位妹妹紧急入朝，为叔父鸣冤。为表明心情之急迫，贵为县丞夫人的颜真定，当庭割下左耳，鲜血染红了衣衫，血迹流淌在朝廷之上，当朝文武无不为之动容，性本冷酷的武则天亲自下命令，将颜敬仲减罪免死，降职左迁。颜家即使是女儿身，在秉持儒学的家风熏染下，同样有着刚正义烈的性情。

颜真定 84 岁而亡，即将下葬时，有人占卜其弟颜惟贞，即颜真卿的父亲，不宜亲临坟墓，惟贞却坚决不从，一边痛哭一边说："我们是手足之亲！失去手足，却因为世俗所称的忌讳就不去送葬，天下岂有？"最终他还是亲临姐姐的坟墓送葬，完成了自己的心愿。在他的心目中，一定是以自己的姐姐为荣耀的。

（六）颜真卿慷慨赴难

颜真卿性格刚直，又秉承忠孝家风，一生屡遭排挤，仕宦三起三落。唐德宗建中三年（782），淮西都统李希烈与淄青节度使李纳勾结谋反，占据许州，次年正月攻陷汝州，包围郑州，威胁洛阳。宰相卢杞因嫉恨颜真卿，早就存心加害于他，趁机上奏皇帝唐德宗，派颜真卿前去劝说李希烈，实则让他去送死。昏聩的德宗受到挑唆，果真命颜真卿赴李希烈部劝谕。颜真卿已经年老，身居太子太师之任，国难当头，他不计较小人暗算之恶，慨然宣称："君命也，焉避之。"颜真卿虽然明知前面是个陷阱，但一生持守的忠孝观，使颜真卿义无反顾，毅然弃亲，只携兄子颜岘与属吏、家僮数人前往许州。

公元 783 年正月，颜真卿经洛阳至许州去见李希烈，李希烈却带着兵士千人，挥舞着武器面对颜真卿大加辱骂。颜真卿不动声色，以朝廷恩德相劝，遭到死亡威胁，也岿然不动。李希烈见威胁不成，又加以富贵利诱，并将颜真卿软禁起来。颜真卿却正色喝斥道："哪里有你这样的宰相！你们有没有听说过颜杲卿这个人的事？他就是我的兄长。安禄山造反，我的兄长首举义兵，直至被杀害，也没有停止对叛军的怒骂。我是快要80岁的人了，做官至太师，我一定会坚守我家兄长之节义，死而后已，怎么会受你们这些小人的威逼利诱呢！"李希烈软硬兼施，都不能撼动颜真卿。李希烈在院子里挖了个大坑，声称要坑杀颜真卿。面对死亡，颜真卿毫无惧色，说我的生死自有天注定，你何必如此侮辱。请你给我一把剑，我死也不会屈服于你。最后，李希烈将颜真卿押解至蔡州（今河南汝南），囚禁在龙兴寺中。颜真卿终日不与人言，自知难以生还，便从容索要笔墨，为自己撰写了遗表、墓志、祭文。兴元元年（784），李希烈攻陷汴州，自称大楚皇帝，派人向颜真卿询问皇帝即位仪式，颜真卿嗤之以鼻："老夫是做过礼官，懂得诸侯天子之礼仪，但不会给你什么建议！"李希烈听后恼羞成怒，架起火堆，逼迫颜真卿屈服，颜真卿大义凛然，扑向火堆，李希烈又使人阻拦，妄图再施他计，但终未使年逾古稀之老臣颜真卿屈节。李希烈无计可施，最后只好派人到龙兴寺中缢杀了77岁的颜真卿。官军得知此事，无不为颜鲁公的气节所感动，悲泣声不绝于途。消息传到朝中，君臣为之泣下。《新唐书传赞》评价道："虽千五百岁，其英烈言言，如严霜烈日，可畏而仰哉！"颜真卿的浩然正气，为天下人谱写了一曲感天动地的烈士赞歌。

（七）颜氏一母三进士

在今天的曲阜，"颜氏一母三进士"的故事妇孺皆知，这个故事就发生在这样一个满门忠烈的家族之中。颜伯璟之子颜光猷、颜光敏和颜光敩为一母同胞兄弟，三人在清代相继考中进士，轰动天下，时人称他们为"曲阜三颜"。

长子颜光猷，字秩宗，号澹园。青少年时代，与弟颜光敏同窗共读，互相勉励。三九严寒，两人在桌下放一草筐，将双脚放在里面取暖，日夜坚持攻读。颜光敏于康熙六年先中进士，颜光猷却因不耐寒冷，患上了严重的腿部疾病，无法行走，卧床三年，仍坚持不懈地学习。终于在康熙十二年，颜光猷登癸丑科进士，任《明史》纂修官。他在任贵州安顺府知府期间，以礼服众，五年未杀一人，全郡大治，当地百姓称他为"颜菩萨"。颜光猷对文教事业颇为关心，拿出自己的俸禄修葺孔子庙，添置祭器；教授佾舞生，建筑师生宿舍，选拔优秀学员就读，有时亲自教授文艺课。康熙年间，在颜光猷倡导下，族人共同捐资修理了曲阜复圣庙的正、寝两殿，还在庙门前建造了复圣庙门坊及"卓冠贤科"、"优入圣域"石坊，石坊之间建有石栏，这些建筑至今完好保存，成为颜子圣地的又一胜景。

颜光猷与二弟颜光敏，幼时寓居兖州。当清兵激烈攻城时，叔父颜伯珩于危急之时将颜光猷和颜光敏兄弟二人委托于保姆，方使他们幸免于难。颜光敏（1640—1686），字逊甫，后改字修来，号乐圃，清代著名诗人、书法家，居官忠君勤政，而且以孝悌著称，其事迹可参考前文。三弟颜光敩性格倔强，少年学射箭时不中则不吃饭，直到太阳偏西，连发五箭得中三箭方肯罢休。他事母至孝，在家时不离其母身旁，对母亲百依百顺，外出居官必携母。雍正五年（1727）即登进士第，授翰林院检讨职，随后又为提督浙江学政，这是清代以来第一次以翰林院编修检讨官升任学政之职，体现了当朝皇帝的格外奖赏。颜光敩因而更加自我激励，奋发图强，居官三年，谢绝一切宴请拜谒，严格校订勘误，日常生活绝不给下属带来麻烦，训诫士子就如严师慈父，阅文批卷常至深夜，使浙江文风民风大变，世人敬称他为"学山先生"。

曲阜颜氏著述众多，如颜伯璟、伯珣都留下诗集数卷。除此之外，这一支颜氏族人中留有诗集的还有十余人，可谓文学世家。一母同胞三人皆中进士，同时高居要职，还勤于笔耕，家族忠孝清廉之风未变，乡里人将"三颜"居住的街道尊称为"天官第街"，以示纪念。

（八）颜世镛与两张飞机票

颜景堉（1865—1918），字养斋，光绪十三年（1887）袭翰林院五经博士世职，民国四年（1916）改称"复圣颜子奉祀官"。颜景堉多才多能，一生克己修身，致力族务，整修家族谱牒，带头捐赀，修缮复圣祖庙，被人称誉为"恪守祖训"。他常常告诫长子颜世镛，"德不立而图建大业者，非夫子之徒也。儒学博大深奥，乃东方汉学之精魂，事于中华而绝斥儒学者，实不通儒学也。日人维新，可以强国；中华积弱，维新不成，国是日非，岂儒学之过？实人之罪也。日人之盛，唯在其善学业。吾颜氏苗裔，尤应以儒学立本，以光大儒学优秀精神为己任。"

颜世镛（1903—1975），字冠声。1918年颜景堉病故，颜世镛刚满十五岁，由当时的衍圣公孔令贻和各氏奉祀官共具公呈，证明颜世镛学业优秀，人品端方，堪为复圣七十七代传人，报当时北京政府内务部核准后，由地方长官和孔令贻主持，各氏奉祀官和各界人士参加，在颜庙中举行祭祖就职仪式，颜世镛正式承袭了"复圣颜子奉祀官"世职。

1935 年 1 月，南京国民政府议决，改孔子嫡长裔衍圣公为大成至圣先师奉祀官，给以特任官待遇。3 月，驻济南日本总领事函请四位"圣裔"往日本东京参加汤岛孔庙落成典礼。同年 7 月 6 日，颜世镛陪同孔德成由曲阜启程，经济南，赴南京参加了"大成至圣先师奉祀官"及四配奉祀官就职仪式。同行的还有孟子后裔孟庆棠、曾子后裔曾繁山。

1938 年曲阜沦陷后，颜世镛拒绝参加欢迎日军入城仪式。日军企图借用圣裔之名，对他诱迫威胁，或以尊礼相邀，但颜世镛托病在家，深居简出，坚决不肯为日军利用。这期间他谢绝一切社会交往，潜心学习中医，终有所成，擅治妇科杂症和小儿疾病，后来在曲阜、滕县等地乡村行医治病，得到当地民众的称誉。

1948 年春，国民政府将颜子复圣奉祀官全家迁到南京。当时局势动荡、前途不明，凡有钱有势者都在找门路逃往海外。1948 年年底，孔德成一家由上海飞到台湾。这时国民政府派人送来两张飞机票，命其立即动身离开大陆，飞往台湾。在去留问题上，颜世镛也曾犹豫不决，整日愁眉不展、茶饭不思。安土重迁是中国人的传统心理，何况是圣人嫡裔，离开家乡就意味着无法按时祭祀颜氏祖庙，无法处理家族事务，传承千年的家族文化也将支离破碎。经过深思熟

1935年颜世镛赴南京就任复圣奉祀官，左为孔子嫡裔孔德成，右为国民党秘书长叶楚伧

虑，颜世镛决定留在大陆。颜世镛未与夫人商量便决定搬家，并与外界熟识之人一律隔绝，以示决心已定。据颜世镛先生的夫人侯明先女士回忆："先生虽然表面不动声色，其实并掩不住他内心的不安。有一次，先生问我，他是否做过坑害别人的事，我说从来没有。先生便说，我们搬来这里，便是我拿定主意不走了，熟人谁也不知道我们在这里。既然我们问心无愧，以后就听天由命吧。"这样颜世镛将两个随政府迁徙的名额退回国民政府，毅然决然地留了下来。

颜氏家族历史上的大迁徙有多次。但自颜子第四十六代孙颜承祐于后周广顺二年（952）迁回曲阜故里定居，之后近千年颜庙祭祀不断，曲阜成为颜氏人共同的家。北宋末年，金兵南侵，建炎二年（1128），颜岐作为颜子第五十代嫡长孙率叔兄弟 11 人奉诏伴驾，南渡长江。留居曲阜的颜氏子孙主奉祀事，从此奉祀祖庙、祖林的北宗颜氏均受朝廷优礼，子孙繁衍众多。所以曲阜不能没有颜子嫡长裔，颜子嫡长裔就是全体颜氏人的精神领袖。

1949 年 4 月南京解放，同年冬天，颜世镛全家返回了曲阜，住在具有五百年历史的颜府中。在历史的紧要关头，孔、颜、曾、孟四大家族，有三家跟随蒋政权去了台湾。只有颜氏留了下来，就是为了守祖庙，传家法。

颜世镛在新中国成立之后，继续在当地的文化教育事业上贡献殊多。颜世镛之子颜廷汉在"文化大革命"中病逝，其孙颜秉刚现为颜氏宗主，常年接待海内外到曲阜寻根祭祖的颜氏族人，陪他们谒庙行礼，同时接待考察访问的研究学者，并担任了全国省市各级颜子研究机构的名誉职务，为促进颜子文化研究尽心尽力。现在遍及全国各地，乃至东南亚各国的颜氏宗亲联谊组织，结构完备，活动频繁，族人热心修建祖庙，积极修缮家谱，注重加强家族的团结。自1991年以来每两年召开一次的世界颜氏宗亲联谊会，旨在联络宗亲情谊，维护年轻人互亲互助的传统价值观；推广文化教育，培养人才；建立联络网，促进文化经济的交流。每一届大会都进一步加强了颜氏人对家族的认同感，加强了家族的凝聚力、向心力。这种同心慕谊的家族精神可谓渊源有自，在全国其他家族中是不多见的，甚至可以说是唯一的。

结　语　以德立家，以才传家

六朝以来的高门大族中，颜氏家族并不是处于最高峰的家族。与那些炙手可热的家族相比，颜氏比不上某些家族那样华丽，亦不如某些家族那样尊贵，但其不是热闹一时，而是两千余年一直保持绵长的生命力。他们讲究务实，从不虚谈狂诞，因而在以记载魏晋名士为主的《世说新语》一书中几乎没有颜家人的谈资。什么玉柄麈尾，什么服药行散，皆与颜氏无关，其在无数自视清高的名士之间，独持以德立家、以才传家的务实质朴作风，真正算得上清高自守之姿态。

绵延千百年的颜氏家族文化在继承颜子思想的基础上取得了一系列重要成就，在儒学、文学、史学、小学、书法、绘画等多种领域均有卓著建树。家族中重要历史人物的言行与家族教育理论共同成为中国传统文化不可或缺的组成部分。明吴达可《题陋巷志跋语》称："惟是先圣当年所称陋巷贫室，今在后裔，则为世阀华门。夫世禄之家，鲜克有礼，自古记之，以富贵移人，骄侈灭德，势所趋也。以余耳目睹记，世守先代之训者，几何人哉？乃屈指颜宗，复圣以后，名卿硕彦，节士才贤，代不乏人。"此评论虽有溢美成分，但精辟地指出颜氏作为世阀华门，有两点区别于其他世禄之家：一是家族教育理论；二是名卿硕儒，节士才贤等家族榜样。世上享有极高礼遇的高门贵族，大多如过眼烟云，颜氏家族经历两千余年，世守先代之训，洁身自好，处守正道，勤于治学，翰墨书香，相袭成风。不正是我们中华民族优秀文化传统的生动写照吗？不正是我们现今社会亟须借鉴的宝贵经验吗？

今天，曲阜复圣庙巍然耸立在苍松翠柏之间，陋巷井旁唐人种植的大桧树，仍枝叶婆娑，复圣殿前的龙柱，仍栩栩如生，两庑肃立，丹墀如新，有关复圣颜氏家风的讨论还在持续进行中。

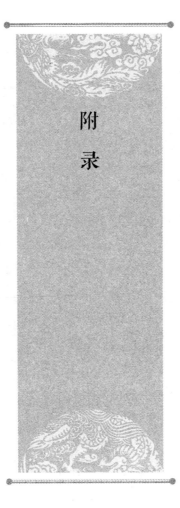

附录

（一）琅琊颜氏宗子世系

说明：本表主要依据明万历本《陋巷志》卷三"宗子世表"及《新编陋巷志》记载。颜氏支派繁多，此表以颜子为始祖，自宋代至民国时期，仅记载颜子嫡长孙世系。

一代　　颜回　　字渊，孔子弟子，生子颜歆。

二代　　颜歆　　字子林，鲁大夫，葬颜子墓东十余步。生子颜俭。元泰定三年（1326年）从祀配享。

三代　　颜俭　　鲁大夫，生子颜威。元泰定三年（1326年）从祀配享。

四代　　颜威　　鲁下大夫。生子颜芃。

五代　　颜芃　　鲁下大夫。生子颜億

六代　　颜億　　鲁大夫。生子颜岵。

七代　　颜岵　　鲁大夫。生子颜卸。

八代　　颜卸　　字伯（左右结构，左为人部，右为由），秦大夫。生子颜誉。

九代　　颜誊　　秦舍人。生子颜产。

十代　　颜产　　项羽闻其名，聘之，不受。生子颜异。

十一代　颜异　　字世仁，汉大夫。生子颜愚。

十二代　颜愚　　汉卿士。生子颜逵。

十三代　颜逵　　汉大夫。生子颜口。

十四代　颜口　　一作颜肆，字季逵，汉武帝时尚书郎，
　　　　　　　　会稽都尉，书传作颜驷。生子颜衷。

十五代　颜衷　　一作颜忠，郡工曹从事，巩令。生子
　　　　　　　　颜凯。

十六代　颜凯　　字季卿，张禹荐于朝，为安成太守。
　　　　　　　　生子颜邃。

十七代　颜邃　　字景深，郡上计吏。生子颜龠。

十八代　颜龠　　字茂宗，州举茂才。生子颜绰。

十九代　颜绰　　字参道，为太守。生子颜隼。

二十代　颜隼　　始仕为从事，复高尚不仕。生子颜阮、

二十一代　颜阮　字怀珍，举有道不起，为著作郎。生
　　　　　　　　子颜亮。

二十二代　颜亮　字世明，郡督邮，见冀州刺史王统碑。
　　　　　　　　生子颜敿。

二十三代　颜敿　字士荣，举茂才，至御史大夫。生二
　　　　　　　　子：颜斐，颜盛。

二十四代　颜斐　字文林，三国时仕魏，累官京兆尹，有善政。生二子：颜鲁，颜欢，俱无后，故以颜盛为宗。

颜盛　字叔台，一字叔震，汉尚书郎，仕魏历青、徐二州刺史，关内侯。娶沛国刘氏，生四子：颜钦，颜會，颜兴，颜士光。始自鲁迁徙琅玡临沂。

二十五代　颜钦　字公若，历中郎将司马、太中大夫，东莞、广陵太守，给事中，引直禁省，葛绎县子。生七子：颜默，颜平，颜协，颜雅，颜闵，颜永，颜考。

二十六代　颜默　字静伯，汝阴太守，护军将军，给事中，袭葛绎县子。生三子：颜畿，颜辇，颜含。长、次无后，以颜含为宗。

二十七代　颜含　字宏都，晋光禄大夫，谥曰靖侯。娶鲁国孔氏，生三子：颜髦，颜谦，颜约。

二十八代　颜髦　字君道，晋侍中，光禄勋。生六子：颜綝，颜纶，颜矫，颜朗，颜畅，颜绍。

二十九代　颜綝　字文和，州西散骑都尉，西平县侯。

生二子：颜靖之，颜秉之。

三十代　颜靖之　字茂宗，西中郎行参军，宣城太守，司徒谘议，御史中丞。生三子：颜腾之，颜遵之，颜恭之。

三十一代　颜腾之　字宏道，善草隶书，有风格，历州西曹主簿，度支校尉，治书御史，巴陵太守。生五子：颜兴之，颜炳之，颜泰之，颜吾昌，颜思遄。

三十二代　颜兴之　安宁太守。生一子：颜登。

颜炳之　字叔豹，以能书称，历韩国江夏王参军，奉朝请，员外散骑常侍。生二子：颜见远，颜宣仁。

三十三代　颜登　字康之，梁鄱阳王府郎中。无后，以炳之子颜见远为宗。

颜见远　字见远，历安城王侍郎，征西参军，治书御史兼中丞。生一子：颜协。

三十四代　颜协　字子和，湘东王右常侍，领西记室。生四子：颜之仪，颜之奇，颜之推，颜之善。

三十五代　颜之仪　字子升，北周麟趾学士，御史大夫，平阳县公。生二子：颜窹，颜昶，均无后，故以颜之推为宗。

颜之推　字子介，北齐黄门侍郎，隋太子文学，著《家训》二十篇《冤魂志》三卷《证俗音字》五卷。生三子：颜思鲁，颜愍楚，颜游秦。

三十六代　颜思鲁　字孔归，北齐卫府行参军，隋秘书省校书郎，长宁王侍读，崤岷将军。唐师入关，率子弟迎于长春宫，拜仪同秦王府记室。娶陈郡殷氏，生四子：颜师古，颜相时，颜勤礼，颜育德。

三十七代　颜师古　字籀，唐秘书监，银青光禄大夫，弘文崇贤两馆学士。生三子：颜趋庭，颜扬庭，颜光庭。

颜勤礼　字敬之，唐朝散大夫，秘书省校书郎，雍州参军，弘文崇文两馆学士。生七子，长子颜昭甫。

三十八代　颜趋庭　字茂实，历仕唐文皇帝挽郎，朝散大夫，职方郎，吉州刺史。生子颜尚宾后裔回归曲阜。

颜昭甫　汝南郡太守，晋王侍读，华州刺史。生子颜元孙、颜惟贞，生女颜真定等。

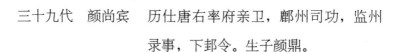

三十九代　颜尚宾　历仕唐右率府亲卫，郦州司功，监州
　　　　　　　　　录事，下邽令。生子颜鼎。

　　　　　颜元孙　字聿修，字仲坚，历任朝散大夫，濠
　　　　　　　　　州刺史，勋上柱国，赠秘书监，著文
　　　　　　　　　集三十卷，《干禄字书》一卷。生子颜
　　　　　　　　　杲卿、颜春卿等。

　　　　　颜惟贞　字叔坚，秘书少监，国子祭酒，太子
　　　　　　　　　少保。生子颜允臧、颜阙疑、颜允南、
　　　　　　　　　颜乔卿、颜幼舆、颜真卿等七子。

四十代　　颜鼎　　生子颜迢。

　　　　　颜杲卿　太常寺丞兼常山太守，生子颜泉明、
　　　　　　　　　颜威明、颜季明等。

　　　　　颜真卿　字清臣，号应方，颜惟贞六子。官至
　　　　　　　　　太子太师，爵封鲁郡开国公，世人尊
　　　　　　　　　称"颜鲁公"。生三子，颜頵、颜頗、
　　　　　　　　　颜硕。

四十一代　颜迢　　生子颜传赟。

四十二代　颜传赟　生子颜旻。

四十三代　颜旻　　生五子：长子颜君则，无后；次子颜君
　　　　　　　　　佐，三子颜君雅，四子颜君信，五子
　　　　　　　　　颜君立。

四十四代　颜君佐　金乡丞。生子颜文威。

　　　　　颜君雅　生二子：颜文蕴，颜文铎。

四十五代　颜文威　五代隐于鲁之峄山，号虚中先生，有
　　　　　　　　　文集传于世。生子颜承祐。

　　　　　颜文蕴　乡贡进士。生子颜涉。

　　　　　颜文铎　赠太常卿，平原郡节度副使。生子
　　　　　　　　　颜衍。

四十六代　颜承祐　由峄山迁徙回曲阜故里。生二子：长
　　　　　　　　　子颜崇德，无后；次子颜仲昌。

　　　　　颜涉　　乡贡进士，后周太祖广顺二年（951
　　　　　　　　　年）授曲阜主簿。生四子：颜匡朗，颜
　　　　　　　　　匡密，颜匡美，颜匡赞。俱无后。

　　　　　颜衍　　字祖德，户部尚书。生五子：颜柽，
　　　　　　　　　颜进朝，颜知勉，颜知谦，颜卓。

四十七代　颜仲昌　淳化二年（991 年）讲五经，赐第，终
　　　　　　　　　南京判官，以曾孙颜岐任执政，赠太
　　　　　　　　　子少保。生四子：颜太初，颜太易，
　　　　　　　　　颜太元，颜太冲。

　　　　　颜柽　　巡官。生子颜端。

四十八代　颜太初　字醇之，号凫绎先生，南京国子监说
　　　　　　　　　书。生三子：颜复，颜公弼，颜随。

颜端　　宋大中祥符元年（1008 年）真宗皇帝行幸曲阜，以兖国公后特授郊社斋郎，终桂阳司理。生子颜继。

四十九代　颜复　　字长道，国子祭酒。生六子：颜峣，颜岐，颜嵛，颜嵥，颜峿，颜噍。颜岐为执政。自颜峣以下，子孙南徙，而以颜端之子颜继为宗。

颜继　　进士，世居陋巷故宅，主奉祀事。生二子：颜昌，颜择。

五十代　颜昌　　生五子：颜擎，颜成，颜元，颜明，颜文。

五十一代　颜擎　　生子颜价。

五十二代　颜价　　生子颜顺。

五十三代　颜顺　　生二子：颜宝，颜进。

五十四代　颜宝　　生四子：颜和，颜术，颜椿，颜敬。颜和与颜术系颜椿庶兄，至五十五代在颜椿支后。

五十五代　颜椿　　中书，工部箾付，监修祖庙提领，主奉祀事。生二子：颜之才，颜之美。

五十六代　颜之才　字宗艺，卫辉学正。无传。

颜之美　字宗德，天成县教谕，益都路学正，庐州路教授，山阳县主簿，文林郎，东明县尹，主奉祀事。生子：颜涣，颜瀼，颜池。

五十七代　颜涣　　无传。

　　　　　颜瀼　　无传。

　　　　　颜池　　字德裕，历山阳县主薄，宣德府学教授，孔颜孟三氏学教授，主奉祀事。明洪武十五年（1382年）重修颜庙。生二子：颜拳，颜幹。

五十八代　颜拳　　字克膺，主奉祀事。生子颜希仁。

　　　　　颜幹　　无传。

五十九代　颜希仁　字士元，号景哲，明正统十一年（1446年）钦定主奉祀事。景泰二年（1451年）明代宗驾幸太学，行取陪祀。生四子：颜议，颜赞，颜谕，颜论。

　　　　　颜希惠　明景泰二年（1451年）行取复圣公子孙特授翰林院五经博士。后以其并非嫡裔，奉旨黜罢，仍以希仁长子颜议为宗。

六十代　　颜议　　字定伯。正统以后，宗系紊乱，经天顺六年（1462年）辨，仍授翰林院五经博士，俾世袭主奉祀事。生三子：
颜公鋐，颜公铜，颜公鈬。

六十一代　颜公鋐　字宗器，成化十四年（1478 年）袭翰
林院五经博士，主奉祀事。生五子：
颜重德，颜重礼，颜重道，颜重贤，
颜重式。

六十二代　颜重德　字尚本，号西庄。正德七年（1512 年）
袭翰林院五经博士，主奉祀事。娶鲍
氏，侧室刘氏，生二子：颜从祖，颜
从厚。

六十三代　颜从祖　字守嗣。嘉靖九年（1531 年）袭翰林
院五经博士，主奉祀事。十二年（1534
年）三月，世宗皇帝驾幸太学，行取
陪祀。娶孔氏无后，以颜重礼长子颜
肇先为宗。

　　　　　颜肇先　字启源，号克复，嘉靖四十一年（1562
年）袭翰林院五经博士，主奉祀事。
生四子：颜嗣慎，颜嗣恂，颜嗣恒，
颜嗣惟。

六十四代　颜嗣慎　字用修，号敬亭，万历三年（1575 年）
袭翰林院五经博士，主奉祀事。娶

孔氏，生三子：颜胤宗，颜胤祚，颜胤禄。

六十五代　颜胤宗　字永昌，号养蒙，未袭而卒。万历三十二年（1605年）赠翰林院五经博士，封修职郎。娶郭氏，生二子：颜伯贞，颜伯廉。

　　　　　颜胤祚　字永锡，号新吾，以兄胤宗早卒，万历十七年（1589年）代袭翰林院五经博士，主奉祀事。娶孔氏，生四子：颜伯华，颜伯伟，颜伯秀，颜伯润。

六十六代　颜伯贞　字叔节，号建中，万历二十七年（1599年）袭翰林院五经博士，主奉祀事，封修职郎。早卒。生二子：颜光鲁，颜光晋。

　　　　　颜伯廉　字叔清，号执中，以兄卒侄幼，万历三十四年（1606年）代袭翰林院五经博士，主奉祀事。及兄子颜光鲁长，让职致仕。生子颜光启。

六十七代　颜光鲁　字宗旦，号师周。天启二年（1622年）袭翰林院五经博士，主奉祀事。生三子：颜绍统，颜绍绪，颜绍徽。

六十八代　颜绍统　字景宗，号世乔。因其父亲颜光鲁于明崇祯十二年（1639年）九月染疾，三年不愈，至十四年（1641年），情愿具题由长子颜绍统替袭。颜绍统于同年三月袭翰林院五经博士，主奉祀事，同年五月十六日病故，无后。曾帮助父亲重刊《陋巷志》。

颜绍绪　字振宗，号砫世。明崇祯十四年（1641年）八月，因兄绍统病故，无后，具题照兄终弟及之例，世袭翰林院五经博士，主奉祀事。生六子：颜懋衡，颜懋行，颜懋修，颜懋征，颜懋健，颜懋值。

六十九代　颜懋衡　字以玉，号向九。康熙五年（1666年）袭内宏文院五经博士，主奉祀事。至八年（1669年）康熙皇帝驾幸太学行取陪祀，赐宴加一级，后遇覃恩加一级。生四子：颜崇文，颜崇敷，颜崇敞，颜崇敦。

七十代　颜崇文　应袭于康熙三十年（1691年），未袭封病故，无后。

颜崇敷　字化南，号松堂。以兄终弟及之例于康熙四十年（1701年）十一月，奉衍圣公咨题，四十一年（1702年）正月二十四日，奉旨承袭翰林院五经博士，主奉祀事。生三子：颜怀礼，颜怀襗，颜怀禧。

七十一代　颜怀礼　字子真，号约亭，袭翰林院五经博士，应童子试，补四氏学弟子员第一。早逝，生二子：颜士基，颜士埙俱早殇。以胞弟颜怀襗承袭。

颜怀襗　字彤宾，号凫亭。因兄怀礼早逝无子，依兄终弟及之例袭翰林院五经博士，主奉祀事。生二子：颜士采，颜士培。

七十二代　颜士采　乾隆三十六年（1771年）袭翰林院五经博士，主奉祀事。逢乾隆帝东巡，赐宴行宫，赐蟒缎一袭。无后，以从兄颜士庄长子颜锡嘏继嗣。

七十三代　颜锡嘏　字公纯，号眉峰，附生，乾隆四十三年（1778年）袭翰林院五经博士，主奉祀事。生二子：颜振佑，颜振吉。

七十四代　颜振佑　字启愚，袭翰林院五经博士，主奉

祀事。嘉庆十三年（1808年）早卒，无子。

颜振吉　因兄早卒，依兄终弟及之例于清嘉庆十九年（1814年）五月代袭翰林院五经博士，主奉祀事。选颜懋行派下、颜锡璋之孙颜振淇次子颜承裔入嗣，袭翰林院五经博士。

七十五代　颜承裔　字波仙，系颜振淇次子，为颜振佑嗣子，故袭翰林院五经博士，主奉祀事。生子颜景垍。

七十六代　颜景垍　字养斋，号云峰道人，承袭翰林院五经博士，1915年改授复颜子奉祀官，主奉祀事。生四子，长子颜世镛。

七十七代　颜世镛　字冠声，号正宜，1918年承袭复圣颜子奉祀官，主奉祀事。1975年病逝。长子颜廷汉。

七十八代　颜廷汉　1940年生，1972年病故。生一女一子：颜秉真，颜秉刚。

七十九代　颜秉刚　1965年生，居曲阜故里。生子颜培郅。

（二）颜氏家训节选

尔家书生为门，世无富贵，终不为汝树祸。自今仕宦不可过二千石，婚嫁不须贪世位家。

——东晋·颜含《靖侯成规》

欲求子孝必先慈，将责弟悌务为友。虽孝不待慈，而慈固植孝；悌非期友，而友亦立悌。

若能服温厚而知穿弊之苦，明周之德；厌滋旨而识寡嗛之急，仁恕之功。

喜怒者有性所不能无，常起于褊量，而止于弘识。然喜过则不重，怒过则不威，能以恬漠为体，宽愉为器，则为美矣。大喜荡心，微抑则定；甚怒烦性，小忍则歇。故动无愆容，举无失度，则物将自悬，人将自止。

苟无丹石之性，必慎浸染之由。能以怀道为念，必存从理之心。道可怀而理可从，则不议贫，议所乐尔。或云："贫何由乐？"此未求道意。道者，瞻富贵同贫贱，理固得而齐。自我丧之，未为通议，苟议不丧，夫何不乐。

——南朝宋·颜延之《庭诰》

上智不教而成，下愚虽教无益，中庸之人，不教不知也。《教子》

父母威严而有慈，则子女畏慎而生孝矣。《教子》

父子之严，不可以狎；骨肉之爱，不可以简。简则慈孝不接，狎则怠慢生焉。《教子》

兄弟者，分形连气之人也。方其幼也，父母亲左提右挈，前襟后裾，食则同案，衣则传服，学则连业，游则共方，虽有悖乱之人，不能不相爱也。及其壮也，各妻其妻，各子其子，虽有笃厚之人，不能不少衰也。《兄弟》

夫风化者，自上而行于下者也，自先而施于后者也。是以父不慈则子不孝，兄不友则弟不恭，夫不义则妇不顺矣。《治家》

吾家巫觋祷请，绝于言议，符书章醮亦无祈焉，并汝曹所见也。勿为妖妄之费。《治家》

君子必慎交游焉。孔子曰："无友不如己者。"颜、闵之徒，何可世得！但优于我，便足贵之。《慕贤》

世人多蔽，贵耳贱目，重遥轻近。少长周旋，如有贤哲，每相狎侮，不加礼敬；他乡异县，微藉风声，延颈企踵，甚于饥渴。校其长短，考其精粗，或彼不能如此矣。所以鲁人谓孔子为东家丘；昔虞国宫之奇，少长于君，君狎之，不纳其谏，以至亡国，不可不留心也。《慕贤》

自古明王圣帝，犹须勤学，况凡庶乎！此事遍于经史，吾亦不能郑重，聊举近世切要，以启寤汝耳。《勉学》

人生小幼，精神专利，长成已后，思虑散逸，固须早教，勿失机也。吾七岁时，诵《鲁灵光殿赋》，至于今日，十年一理，犹不遗忘；二十之外，所诵经书，一月废置，便至荒芜矣。《勉学》

光阴可惜，譬诸逝水。当博览机要，以济功业；必能兼美，吾无闲焉。《勉学》

子当以养为心，父当以学为教。使汝弃学徇财，丰吾衣食，食之安得甘？衣之安得暖？若务先王之道，绍家世之业，藜羹缊褐，吾自安之。《勉学》

谈说制文，援引古昔，必须眼学，勿信耳受。《勉学》

学问有利钝，文章有巧拙。钝学累功，不妨精熟；拙文研思，终归蚩鄙。但成学士，自足为人；必乏天才，勿强操笔。《文章》

文章当以理致为心肾，气调为筋骨，事义为皮肤，华丽为冠冕。今世相承，趋末弃本，率多浮艳，辞与理竞，辞胜而理伏；事与才争，事繁而才损。放逸者流宕而忘归，穿凿者补缀而不足。《文章》

名之与实，犹形之与影也。德艺周厚，则名必善焉；容色姝丽，则影必美焉。今不修身而求令名于世者，犹貌甚恶

而责妍影于镜也。上士忘名，中士立名，下士窃名。《名实》

士君子之处世，贵能有益于物耳，不徒高谈虚论，左琴右书，以费人君禄位也。《涉务》

夫生不可不惜，不可苟惜。涉险畏之途，干祸难之事，贪欲以伤生，谗慝而致死，此君子之所惜哉；行诚孝而见贼，履仁义而得罪，丧身以全家，泯躯而济国，君子不咎也。《涉务》

铭金人云："无多言，多言多败；无多事，多事多患。"至哉斯戒也！能走者夺其翼，善飞者减其指，有角者无上齿，丰后者无前足，盖天道不使物有兼焉也。古人云："多为少善，不如执一；（此一字左右结构，左为鼠，右为石）鼠五能，不成伎术。"《省事》

其内典功德，随力所至，勿剋竭生资，使冻馁也。四时祭祀，周、孔所教，欲人勿死其亲，不忘孝道也。求诸内典，则无益焉。杀生为之，翻增罪累。《终制》

——北齐·颜之推《颜氏家训》

刻意孝弟反致责备无已，动心忍性正在此时，一不能制，前功尽失，犹然一流俗之人也。

凡择姻家须醇厚勤俭，闺门严肃者为可，若利其富厚，是先教子以不肖也。

勿过开口防脱颐，含哺勿语防错喉，勿囓刚物防伤齿，食鱼勿倾防鲠。嗅花勿近蕊，防小虫入鼻；物非食勿内口防下咽。

——清·颜光敏《颜氏家诫》

编辑主持：方国根　李之美

责任编辑：武丛伟

版式设计：汪　莹

图书在版编目（CIP）数据

琅琊颜氏家风 / 常昭 著 . −北京：人民出版社，2015.11
（中国名门家风丛书 / 王志民 主编）

ISBN 978 − 7 − 01 − 015102 − 1

I.①琅… 　II.① 常… 　III.①家庭道德−临沂市 　IV.① B823.1

中国版本图书馆 CIP 数据核字（2015）第 173546 号

琅琊颜氏家风

LANGYA YANSHI JIAFENG

常 昭 著

人 民 出 版 社 出版发行
（100706 　北京市东城区隆福寺街 99 号）

北京汇林印务有限公司印刷 　新华书店经销

2015 年 11 月第 1 版 　2015 年 11 月北京第 1 次印刷
开本：880 毫米 × 1230 毫米 1/32 　印张：7.25
字数：127 千字

ISBN 978 − 7 − 01 − 015102 − 1 　定价：24.00 元

邮购地址 100706 　北京市东城区隆福寺街 99 号
人民东方图书销售中心 　电话（010）65250042 　65289539